货币政策与金融监管协调

朱元倩 著

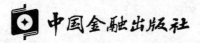

中国金融出版社

责任编辑：王雪珂

责任校对：张志文

责任印制：陈晓川

图书在版编目（CIP）数据

货币政策与金融监管协调（Huobi Zhengce yu Jinrong Jianguan Xietiao）/朱元倩著. —北京：中国金融出版社，2018.10

ISBN 978 – 7 – 5049 – 9716 – 6

Ⅰ.①货…　Ⅱ.①朱…　Ⅲ.①货币政策—研究—中国②金融监管—研究—中国　Ⅳ.①F822.0②F832.1

中国版本图书馆 CIP 数据核字（2018）第 198543 号

出版
发行　**中国金融出版社**

社址　北京市丰台区益泽路 2 号
市场开发部　（010）63266347，63805472，63439533（传真）
网 上 书 店　http：//www.chinafph.com
　　　　　　（010）63286832，63365686（传真）
读者服务部　（010）66070833，62568380
邮编　100071
经销　新华书店
印刷　保利达印务有限公司
尺寸　169 毫米×239 毫米
印张　11
字数　140 千
版次　2018 年 10 月第 1 版
印次　2018 年 10 月第 1 次印刷
定价　45.00 元
ISBN 978 – 7 – 5049 – 9716 – 6
如出现印装错误本社负责调换　联系电话（010）63263947

前　言

　　货币政策的目标及其与金融监管的协调问题始终是货币经济学理论研究的核心问题，也始终困扰着央行和金融监管部门的边界划分和政策制定。在中国当前分业监管模式下，央行和监管部门之间的协调更是影响到经济发展和金融稳定的重大问题。从货币政策的目标来看，2008 年国际金融危机爆发前，货币政策的目标一度被明确为单一的保持通货膨胀稳定，然而长期低利率、低通胀宏观环境下国际金融危机的爆发使人们逐渐意识到货币政策对金融稳定的影响，多国央行提出货币政策应同时将金融稳定纳入货币政策的框架。而金融创新带来的流动性变化使得传统的货币需求函数和货币流通速度都变得不稳定，并进一步改变传统的货币数量与实际产出、物价、就业等之间的关系。从金融监管的强化来看，《巴塞尔资本协议Ⅲ》首次提出全球统一的流动性风险监管标准，将流动性风险提升至与资本监管同等重要的地位，与此同时，金融稳定理事会和巴塞尔委员会提出了宏观审慎的监管理念，认为危机前仅关注单家银行稳定的理念不足以保障金融稳定，要从宏观视角看金融体系，其本质便是如何做好货币政策与金融监管的协调，防范宏观的流动性风险。无论是价格稳定还是金融稳定，在本质上都是不同层次的流动性问题。以宏观流动性与微观流动性的相关关系为切入点，通过研究银行对货币政策的流动性风险承担行为形成分析货币政策与金融监管相互影响的分析框架，不仅在学术理论研究上具有重要的科学意义，对于解决货币政策和金融监管的协调也具有很强的实践指导价值。

我国金融市场的流动性状况已经在很长一段时间内均呈现宏观流动性过剩与微观流动性不足共存的局面，这是金融监管的日益强化和货币政策宽松放缓共同作用下的产物，有必要从流动性风险的角度研究货币政策与金融监管的协调。在微观流动性层面，从 2013 年 6 月的"钱荒"事件，到 2013 年 10 月"小钱荒"至今，我国银行体系的流动性呈现出脉冲式风险频发的状况。然而，在宏观流动性层面，虽然社会融资总量呈现一定幅度的下滑，但央行所采用的依然是稳健中性的货币政策。宏观流动性过剩与微观流动性不足的局面，意味着金融体系脱离实体经济运行，存在巨大的金融体系系统性风险，无法满足实体经济的需求，金融体系无法在经济增长中发挥应有的作用。虽然这一现状的产生与金融机构过度承担风险的行为有密切的关系，但是央行和监管部门的双紧也加剧了刺破风险的可能，如何在流动性管理中有效协调央行和金融监管，共同发挥熨平金融体系周期性波动的效力，对于保障我国金融体系稳健、使其更好地服务实体经济至关重要。

货币政策与金融监管的协调问题一直备受关注，是关乎我国金融体系稳定和经济发展的重要问题。在 2012 年召开的第四次全国金融工作会议中，温家宝总理指出："完善金融宏观调控体系，加强货币政策与财政政策、监管政策、产业政策的协调配合，有效促进经济发展和金融稳定。"2013 年 11 月召开的中国共产党第十八届三中全会发布的《中共中央关于全面深化改革若干重大问题的决定》中指出，"落实金融监管改革措施和稳健标准，完善监管协调机制……保障金融市场安全高效运行和整体稳定"，全国政协副主席、中国人民银行原行长周小川在解读党的十八届三中全会文件时指出，"完善监管协调机制"指"不断提高监管协调工作规范化和制度化水平，重点加强货币政策与金融监管政策、交叉性金融产品和跨市场金融创新的协调"，中共中央经济工作会议的公告指出，"保持货币信贷及社会融资规模合理增长……用改革的精神、思路、办法来改善宏观调控，寓改革与调控之中"，金融业发展和改革"十二五"规划指出，"金融监管协调和信息共享进一步加强"。习近平总书记在党的十九大的报告中指出，"健全货币政策和宏观审慎政策双支柱调控框架，深化利率和汇率市场化改革"。习近平总书记在 2017 年 7 月召开的全国金融工作会议上强调，"要加强金融监管协调、补齐监管短板。设立国务院金融稳定发展委员会，强化人民银行宏观审慎管理和系统性风险防范职责"。

　　2008 年国际金融危机后，流动性风险监管始终是国际金融监管组织和中国银保监会强化监管的重要部分，巴塞尔委员会于 2013 年 1 月推出了修订版的巴塞尔Ⅲ流动性覆盖率，2014 年 10 月，中国推出了修订版的巴塞尔Ⅲ净稳定资金比例，体现了国际流动性监管改革的最新发展趋势。2011 年 10 月，中国银监会发布了《商业银行流动性风险管理办法（试行）》（征求意见稿），正式引入流动性覆盖率，2014 年发布《商业银行流动性风险管理办法（试行）》，并根据《商业银行法》的修订进展，于 2015 年对《商业银行流动性风险管理办法（试行）》中存贷比由监管指标调整为监测指标，并于 2018 年 5 月正式发布《商业银行流动性风险管理办法》，在引入巴塞尔Ⅲ中净稳定资金比例监管指标的同时充分结合我国商业银行的业务特点进行了优化。面对新的流动性风险监管框架，讨论货币政策的流动性风险承担渠道，无论对于货币政策的制定还是金融监管政策的要求而言，都是非常及时和有重要现实意义的。

　　正是基于这样的背景，我于 2013 年就该问题研究申请了国家自然科学基金的青年项目，本书正是受到国家自然科学基金青年科学基金项目"货币政策与流动性监管的协调机制研究——基于流动性传导的视角"（项目批准号：71403251）的资助得以完成的，书中的大部分章节都来自我和该项目培养的研究生讨论的结果。书中观点仅仅代表作者个人的观点，不代表任何机构的意见和看法。

　　本书由中国金融出版社出版，在编校和出版的过程中，得到了张智慧主任和王雪珂编辑的大力支持，在此对出版社及两位编辑的辛勤工作表示感谢。在书稿的写作中，得到了不少领导和同事的支持和鼓励，在此也一并表示感谢。由于时间有限，难免存在不足之处，恳请读者批评指正。

朱元倩

2018 年 7 月

目　　录

第一章　流动性视角下对货币政策与金融监管协调的新思考………… 1

一、流动性的分层定义及其测度研究……………………… 2

二、各层级流动性传导机制的相关研究…………………… 4

三、流动性管理及其与金融监管、货币政策的关系……… 6

四、货币政策与金融监管协调的新思考…………………… 8

第二章　系统流动性风险的度量与监管 ……………………… 11

一、文献综述 …………………………………………… 12

二、理论框架 …………………………………………… 16

三、研究模型 …………………………………………… 25

四、实证分析 …………………………………………… 28

五、结论 ………………………………………………… 36

第三章　流动性风险压力测试的理论及实践 ……………… 39

一、流动性风险及其压力测试 ………………………… 39

二、微观流动性风险压力测试的一般实践 …………… 42

三、微观流动性风险压力测试的创新与完善 ………… 45

四、宏观流动性风险压力测试 ………………………… 49

五、开展流动性风险压力测试的政策建议 …………………………… 52

第四章　从流动性传导视角看货币政策与金融监管的协调 ……… 55

一、文献综述 ……………………………………………………… 56

二、各层级流动性的内涵和指标选择 …………………………… 59

三、各层级流动性传导的理论框架 ……………………………… 63

四、研究设计 ……………………………………………………… 68

五、实证结果及分析 ……………………………………………… 71

六、结论 …………………………………………………………… 78

第五章　货币政策、流动性约束与银行风险承担 ………………… 81

一、文献综述 ……………………………………………………… 82

二、流动性约束下的银行风险承担渠道 ………………………… 85

三、理论模型 ……………………………………………………… 88

四、实证模型 ……………………………………………………… 90

五、实证分析 ……………………………………………………… 93

六、结论与政策建议 ……………………………………………… 98

第六章　银行业转型背景下的货币政策与金融监管协调研究 ……… 100

一、文献综述 ……………………………………………………… 101

二、货币政策与金融监管的协调机制 …………………………… 104

三、研究设计 ……………………………………………………… 106

四、超效率分析框架与多元回归模型 …………………………… 109

五、实证结果分析 ………………………………………………… 111

六、结论与政策建议 ……………………………………………… 115

第七章　基于 DSGE 模型的货币政策与金融监管的协调分析 ……… 117

一、文献综述…………………………………………… 118

二、货币政策与金融监管协调的理论分析……………… 121

三、DSGE 模型构建 …………………………………… 123

四、实证分析…………………………………………… 129

五、引入逆周期资本监管的 DSGE 模型 ……………… 137

六、结论及政策建议…………………………………… 139

参考文献………………………………………………… 141

第一章　流动性视角下对货币政策与金融监管协调的新思考

2013 年以来，我国金融体系呈现宏观流动性充足与微观流动性风险高企并存的不协调局面，在流动性危机时这一不协调局面的存在可能具有一定的合理性，但是在非危机情况下这种不协调将导致宏观调控难以达到目标、金融体系难以在经济增长中发挥应有的作用，且蕴藏了大量的系统性风险。这种流动性状况的形成，既与金融体系的融资结构、经营环境与经营模式的变化密切相关，也是日益强化的流动性风险监管和逐步放缓的宽松货币政策共同作用下的产物。对于该问题的研究，应从流动性及其传导的角度入手，对描述金融监管和货币政策关系的文献进行梳理。近年来，国外关于这方面的研究已逐渐展开，Acharya 等（2012）[1]指出最优货币政策应逆宏观流动性状况而调整，这就带来了流动性风险监管和货币政策的协调问题。Bianch 和 Bigio（2014）[2]运用动态宏观模型从商业银行流动性管理的角度，研究了货币政策的实施效果。而国内相关研究还处于起步阶段，王兆星（2013）[3]提出，流动性监管需要处理好金融机构流动性管理与央行流动性支持的关系，对于何种冲击应通过强化金融机构流动性管理能力应对，何种冲击应由央行提供额外流动性支持，这个课题亟待解决。陆磊和杨骏（2016）[4]提出了流动性、一般均衡与金融稳定的"不可能三角"，对中央银行传统目标及其政策手段局限性进行了深刻反思，指明了金融稳定应重回中央银行目标菜单。目前，这些研究还处于观点提出阶段，后续还有大量问题值得进一步研究。

从 Keynes（1936）[5]提出流动性偏好以来，流动性逐渐进入经济学理论研究的视野，从流动性传导的角度看金融监管与货币政策的关系，主要涉及以下三个方面：一是关于流动性的分层定义及各层级流动性之间的相关关系；二是不同层级流动性的相互传导机制；三是关于流动性管理与金融监管和货币政策的关系。本章将分别围绕这三个方面对相关文献进行回顾，从而判断下一步值得开展研究的方向。

一、流动性的分层定义及其测度研究

国内外学者对流动性内涵的界定始终未能统一，目前的相关研究多是分别对不同层级的流动性进行定义，但不同层级流动性之间的联系不够明确，相关定义缺乏内在的一致性，不利于分析不同层面流动性之间的相互传导。目前在分析流动性时，结合流动性表现出的特点多采用不同的分层的研究方法，Baks 和 Kramer（1999）[6]将流动性区分为货币流动性和市场流动性两类；Nikolaou（2010）[7]将流动性分为央行流动性、资金流动性和市场流动性；北京大学中国经济研究中心宏观组（2008）[8]也将流动性分为货币流动性、银行系统流动性和市场流动性三个层次，其中货币流动性指货币的充裕程度，银行系统流动性指商业银行整体资产的扩张情况，市场流动性则讨论在金融市场上资产变现的难易。他们围绕各自的关注点，分别构建了不同的流动性分层研究框架，但是研究中不同层级流动性的定义和测度是割裂开来的，并未从流动性相互传递的角度考虑不同层级流动性之间的内在一致性。吴念鲁和杨海平（2016）[9]从风险传染的角度探讨了宏观、中观和微观流动性的关系，但仅限于理论分析，并未对各层次流动性指标进行计算，也缺少对三类流动性相关关系的检验。近年来，对于流动性指标的测度倾向于通过模型构建系统流动性风险指标，高波和任若恩（2015）[10]运用基于时变 Copula 模型对回购市场流动性和拆借市场流动性进行拟合得到系统流动性风险。

（一）宏观流动性测度

在宏观流动性的测度中，尚不存在统一的包含影子银行流动性创造的度量指标，但是存在一些有意义的探索。Sunderam（2012）[11]认为影子银行提供了一种类货币的创造；Pozsar 和 Singh（2011）[12]指出包含影子银行在内的现代银行体系同时通过 M2 类和非 M2 类负债提供融资；Williamson（2012）[13]进一步提出在现代金融体系中流动性的口径已经拓展至所有用于交易的资产。

在我国长期宏观流动性过剩的背景下，以往国内学者的研究多是围绕流动性过剩的度量展开的，而对宏观流动性的度量则比较单一，多是通过不同口径的货币信贷总量进行测度。2008 年以来，影子银行体系的蓬勃发展改变了融资模式，2011 年人民银行提出的社会融资规模指标从融资总量的角度考虑整个金融体系对实体经济的支持，体现了影子银行在融资中的作用，引发了学者就该指标是否可以作为货币总量指标的讨论。薛昊旸（2013）[14]运用社会融资规模指标间接分析和阐明了影子银行对社会经济资金的影响，然而钟俊（2011）[15]则认为社会融资规模并未区分直接融资和间接融资，与代表社会货币总量的宏观流动性指标尚不能完全等同。

（二）微观流动性测度

对微观流动性测度，目前学者多采用正规银行体系的传统流动性指标作为替代，对流动性的新监管指标关注较少，且尚未对影子银行机构的流动性状况加以考虑。目前，对金融机构流动性的衡量一般都是测量商业银行的资产流动性，Saxegaard（2006）[16]、彭兴韵（2007）[17]和董积生（2007）[18]指出可用流动性比例、超额准备金比例和贷存比等机构流动性风险指标对金融机构的流动性进行测度，李明辉等（2014）[19]借鉴 Berger 和 Bouwman（2009）[20]的方法，分别设计了银行表内流动性和表外流动性指标，将表外业务和同业业务纳入了流动性指标，但这些指标设计还较为粗犷、未能全面反映流动性风险等片面性，应将巴塞尔委员会提出的流动性覆盖率和净稳定资金比例等流动性新指标引入对银行的流动性进行度量。同时，对信托公司、租赁公司等非银行类金融机构的流动性测度研究则较为分散，且尚未纳入金融机构整体的流动性测度中来。

二、各层级流动性传导机制的相关研究

流动性传导是指不同层次流动性之间的相互传递，其传导机制与流动性层级的划分、不同层级流动性的定义以及不同层级之间的传导路径、方向和影响大小密切相关。流动性传导机制的理论研究始终伴随着货币政策的传导机制研究展开，Bernanke 和 Gertler（1989）[21]、Meltzer（1995）[22]提出的货币政策传导渠道是分析流动性传导机制的重要理论基础。相比较货币政策传导机制，流动性传导机制将微观流动性作为一个特殊的中间变量进行研究，同时在宏观流动性层面将传统货币政策关注的货币总量拓展至包含金融资产在内的更广义的范围内，充分探讨微观流动性与宏观流动性的相互影响。然而，目前对货币政策传导机制的最新研究和思想尚未充分体现到流动性传导机制的研究中来，而这些研究将成为细致分析流动性传导机制的关键。

（一）流动性传导的异质性

近年来，在货币信贷传导渠道中微观机构的异质性特征越来越引起关注，在流动性传导机制中充分考虑微观机构的异质性是有效甄别不同机构在流动性传导机制中作用的有效工具。微观机构的异质性有多种分析的视角，Kashyap 和 Stein（1993）[23]、Kishan 和 Opiela（2012）[24]和 Morris 和 Shin（2014）[25]分别从银行流动性好坏、银行规模大小和投资者风险偏好的角度考察了货币政策风险传导渠道中的异质性效应。冯宗宪和陈伟平（2013）[26]验证了我国不同银行对货币政策冲击会作出异质

反应，且随着资本充足率的提高，货币政策对银行风险承担行为的影响效果减弱步。对于异质效应的研究还可以从银行和影子银行的视角展开，Verona 等（2011）[27]、Calvo（2012）[28]、Hanson 等（2011）[29]、周莉萍（2011）[30]通过不同方法的研究发现影子银行体系实现信贷扩张的中介角色、影子银行对传统银行的替代作用，以及银行和影子银行在流动性传导中具有异质性；黄隽（2011）[31]、王红棉（2013）[32]等也对融资结构对货币政策传导的扭曲进行研究；王亚君和邢乐成（2016）[33]讨论了互联网金融对货币政策对银行流动性传导的影响。分析融资结构与流动性传导的关系，并对银行和影子银行在流动性传导中的异质性效应进行实证检验，将有助于我们判断影子银行对银行的流动性替代效应。

（二）流动性传导的非对称性

货币政策传导的非对称性是当前国内外货币政策传导研究的另一重点，从流动性传导机制来看，微观流动性往往通过银行的信贷、拆借、流动性管理等行为对宏观流动性产生影响，但是其受到资本充足率和流动性的双重监管约束，同样存在传导效应的不对称性。目前研究多针对货币政策的非对称性影响展开，Chami 和 Cosimano（2001）[34]最早明确提出银行资本监管会造成货币政策效果的非对称性，郑挺国和郭辉铭（2012）[35]、刘明宇（2013）[36]分别利用 GMM 方法和面板回归模型验证了我国信贷传导渠道存在显著的非对称性特征。Bekaert 等（2010）[37]基于流动性传导渠道分析了不同货币政策对市场流动性及波动变化的非对称影响，发现宽松货币政策中降低了市场流动性，而紧缩货币政策增加了市场波动。李鹏等（2015）[38]基于 MSVAR 模型对货币供给冲击与银行流动性的关系进行检验，认为在货币供给较低的区制下流动性螺旋效应更加明显，具有时变和非对称性特征。王周伟和王衡（2016）[39]运用动态面板模型验证了货币政策工具对银行流动性创造的影响的异质性，资产规模较大、资本充足率较高的大型国有银行和全国性股份制银行总体流动性创造水平受货币政策的影响不显著，而地方性商业银行和外资银行对货币政策更具有数量和价格方面的敏感性。但是在资本和流动性双重约束下，流动性传导的非对称性仍有待检验。Giordana 和 Schumacher（2013）[40]认为面对货币政策冲击，大型银行和小型银行的表现有明显差异，同时指出，使用巴塞尔Ⅲ的流动性新规后，货币政策银行借贷传导渠道将不再有效。更进一步地，在流动性压力情景下，流动性传导是否会发生极端的变化也有待进一步检验。

（三）压力情况下的流动性传导

2008 年国际金融危机后，在货币政策非对称性影响的研究中，压力情景下的流动性传导情况引起了学者的广泛关注。Brunnermeier 和 Pedersen（2009）[41]等通过流动性传导研究分析了压力情形下流动性迅速枯竭的原因，朱元倩（2012）[42]、童磊和彭建刚（2013）[43]等的相关研究多围绕宏观流动性压力测试展开，周学东和李文森（2016）[44]等研究了债务风险上升对货币政策传导的影响，文章认为刚性兑付会引发信用风险向流动性风险转换并导致流动性需求增加，但由于我国融资结构以债权融资为主，流动性需求增加会催生"信用风险—刚性兑付—流动性需求"的螺旋，而这种信用风险的上升会对货币政策的资产负债表渠道产生影响，削弱货币政策传导效应。目前，从流动性传导机制的角度对该问题进行分析，并将压力情景下影子银行和银行的流动性传导有效区分，将有助于厘清在极端压力的情景下微观流动性与宏观流动性的传导变化情况，并分析影子银行在危机中是否存在加速崩溃的作用。

三、流动性管理及其与金融监管、货币政策的关系

流动性管理既包括银行自身和监管当局对微观的流动性风险管理，也包括央行以货币政策为主要工具的宏观流动性风险管理。宏观流动性与微观流动性之间存在相互传递，所以流动性风险监管和货币政策的效果也存在相互影响。Svensson（2012）[45]认为货币政策与金融稳定

政策的协调是中央银行的重要挑战，Angeloni 和 Faia（2013）[46]指出货币政策和金融监管的协调问题应是未来一段时间研究的重点方面，他们也从资本监管的角度讨论了货币政策和金融监管的协调问题。2013年，巴塞尔委员会设立全球统一的流动性风险监管标准后，从流动性视角分析金融监管与货币政策的协调关系也将是今后该领域关注的重点。

（一）金融监管与货币政策的协调

金融监管的主要目标是金融稳定，与微观流动性风险管理紧密相连；货币政策的主要目标是物价稳定，与宏观流动性紧密相连。针对货币政策是否应同时保证物价稳定和金融稳定，应如何处理金融监管与货币政策的内在冲突，始终是国内外学者争论的焦点。虽然 Allen 和 Gale（1999）[47]认为价格稳定就意味着金融稳定；但是 Mishkin（1996）[48]却认为，为实现物价稳定而采取的货币政策可能不利于金融稳定，必须在两者之间权衡。对于两者的权衡，周波等（2001）[49]提出应建立货币政策与金融监管的良性互动机制；黄佳和朱建武（2007）[50]认为实现货币和金融双重稳定要修正现行的流动性管理框架。张金城（2014）[51]运用 DSGE 模型对我国货币政策调控与宏观经济稳定之间的作用机制进行了分析，认为货币政策调控对宏观经济稳定有着显著的正向作用，扩张型货币政策使得市场流动性充裕，有利于产出提高，但同时市场流动性增加加大了通货膨胀的上行压力。骆祚炎和罗亚南（2016）[52]基于六部门 DSGE 模型对金融加速器效应进行检验，结果表明货币政策调控需要从单一通胀目标制转向多目标制，应兼顾实体经济平衡和金融平衡。近年来，该问题的讨论聚焦于两个方面，一方面是对金融监管存在的顺周期性及逆周期调整的研究；另一方面是货币政策传导的银行风险承担渠道理论的研究，分析资本约束对货币政策有效性的影响问题。

（二）金融监管的顺周期性

金融监管的顺周期性研究多围绕资本监管展开，但并未对流动性风险监管的顺周期效应予以关注。金融监管的顺周期性是指由于金融监管的存在，加剧了金融体系与实体经济之间的正反馈机制，放大了金融体系和经济周期的波动。金融监管顺周期效应的存在，将带来极大的系统性风险，Borio 等（2001）[53]、朱元倩（2010）[54]都对资本监管带来的顺周期效应进行了详细的分析。Song（2013）[55]对流动性监管的顺周期性进行了验证，但该问题目前尚未有国内学者展开研究，有待于从流动性传导的角度，分析不同层次流动性之间的正反馈效应。

（三）货币政策的风险承担渠道

资本约束对货币政策有效性的影响受到广泛关注，对于流动性风险和资本监管双重约束的影响研究将是未来重点的研究方向。Borio 和Zhu（2012）[56]、Altunbas 等（2013）[57]、Dell'Ariccia（2013）[58]、江曙霞和陈玉婵（2012）[59]分别提出、验证币政策风险承担渠道的存在和渠道的影响，以及低利率将带来银行风险承担的上升。张强和张宝（2011）[60]则认为，目前货币政策风险承担渠道的研究还不够系统，应扩展目前较为微观的研究视角；黄宪等（2012）[61]认为资本约束改变了传统的货币政策传导效应，还产生了新的传导机制，使货币政策效应发生扭曲。流动性风险监管与资本监管类似，都具有顺周期效应，金融危机后巴塞尔委员会提出了新的流动性监管标准，也对货币政策传导产生了新的影响。从流动性传导的角度，考察流动性和资本双重约束对货币政策的影响，并从监管协调的角度为货币政策提供目标选择，将是该问题下一步研究的重点所在。

四、货币政策与金融监管协调的新思考

货币政策与金融监管的协调是国内外学者关注的重要问题，学者们研究的重点集中于资本约束对货币政策传导渠道的扭曲、资本约束对货币政策有效性的影响等方面。然而，金融创新改变了传统的货币政策传导渠道，也对金融监管提出了新的要求，在新的流动性监管约束面

前，货币政策与金融监管的协调不再是资本约束对货币政策的影响，而是资本和流动性双重约束对货币政策的影响。面对影子银行等金融创新带来的融资结构和流动性特征的变化，应重新界定宏观流动性和微观流动性，并从流动性传导的视角，重新审视宏观流动性和微观流动性的相互影响，区分正规银行体系和影子银行体系在流动性创造中所发挥的不同作用。特别地，基于流动性风险监管和资本监管双重约束下正规银行体系的流动性传导路径及可能存在的非对称性特征，对资本监管下金融监管与货币政策协调的相关理论进行拓展，探讨流动性监管的逆周期调整及其与货币政策的相互协调将是研究该问题的重要方向。

从宏观体系的流动性及其管理来看，长期以来我国货币政策对流动性的调节以数量型工具为主，然而影子银行等金融中介的发展拓展了基于传统信贷扩张的货币政策传导机制，金融衍生品、同业业务等金融创新会使传统的货币需求函数和货币流通速度变得不稳定，极大地改变了传统的货币数量和实际产出、物价之间的关系，影响了货币政策的有效性。基于此，中央银行需要关注金融市场的流动性，并将该市场的资产价格及其稳定性纳入政策目标体系内，从而形成以"流动性"为核心的货币政策框架。

从银行体系的流动性及其管理来看，随着我国银行业经营环境、业务模式、资金来源的变化，银行体系面临的流动性风险隐患不断增加，自2013年6月"钱荒"事件以来，我国银行体系的流动性更是呈现出阶段性紧张频发的状况。次贷危机中，流动性的瞬间缺失及其与资产价格的螺旋影响成为加速危机恶化的重要原因之一，2013年巴塞尔委员会在第三版巴塞尔协议中引入全球统一的流动性风险监管规则，与资本监管形成银行监管的双约束，银保监会也于2015年发布《商业银行流动性风险管理办法（试行）》，正式引入流动性覆盖率（LCR）监管指标。监管规则的强化将影子银行体系和正规银行体系更加明确地区分开来，流动性风险和资本监管约束的双重约束将对正规银行体系的风险承担行为产生怎样的影响，该行为变化将如何改变银行的流动性创造，影子银行体系是否存在流动性的替代效应，影子银行不同的流动性创造机制将对宏观层面的流动性及货币政策有效性产生哪些影响，有待进行系统的研究。

从货币政策与金融监管规则的协调来看，是否应将金融稳定纳入货币政策的目标一直是货币经济学中的一个重要问题。在中国当前"一行两会"的分业监管模式下，央行和"两会"监管部门之间的协调更是影响到经济发展和金融稳定的重大问题。目前国内对于金融监管与货币政策的协调研究，多是从资本约束对货币政策影响的角度展开的，然而影子银行体系拓展了宏观流动性的创造方式，对传统的货币政策框架形成了挑战，同时对以资本监管为核心的金融监管提出了新的要求，将流动性监管与资本监管提升至同等重要的位置。在宏观流动性发生了本质的变化、微观流动性监管日益严格的背景下，流动性已经成为联系金融稳定、货币政策和资产价格的重要纽带，应从流动性传导的视角，对传统的货币政策传导机制进行修正和补充，为货币政策和流动性风险监管的协调提供理论依据。

第二章　系统流动性风险的
度量与监管[①]

监管体系对于系统性风险的监管缺失是引发 2008 年国际金融危机并使其快速扩散的重要原因之一（Brunnermeier, 2009），在此之后，系统性风险的度量与监管成为国内外学者研究的重点。危机期间，金融机构出于两个方面的原因而拒绝提供流动性，一方面是为了防范可能出现的对手方风险；另一方面是为了留存自身安全的流动性需求，这就使得市场流动性进一步缩减，导致金融机构融资环境进一步恶化，引发系统性风险。

2007 年美国"两房"等金融机构发行的住房抵押贷款支持的次级债违约而导致的融资困境是此次金融危机发生的导火索，房地产市场流动性的变动传递到了信贷市场范围，其具体的作用机制和传导路径是本文的研究重点之一，但目前对于两市场流动性相互作用的研究不管是单向影响的研究还是相互影响的研究，研究重点基本放在相关性检验、银行流动性度量以及流动性过剩的分析上，少有文献对房地产市场与银行体系流动性间的作用机理及影响机制进行说明，本章主要基于之前研究的基础，进一步研究房地产市场流动性与银行体系流动性间的作用机理及影响机制。

---

① 本文与陈金鑫合作拟发表于《统计与决策》。

而证券市场作为主要的投资市场之一，融资渠道的流动性会在房地产市场以及证券市场流动，其流动性变动以及与房地产市场流动性相关性也是研究系统流动性风险的重要节点。目前国内也有很多学者对金融市场间的相关性进行了深入研究，早期对利率期限结构的研究较多，也有利率影响因素的分析，近期主要是集中于金融市场相关性的分析，但都未对银行体系流动性与证券市场流动性具体的理论作用机理及影响机制进行说明，本书即对此进行补充研究和分析，对三市场流动性间相互影响作用的动态机制进行梳理，以期实现对系统流动性风险的联动研究。

本章的结构如下：第一部分进行文献综述；第二部分构建理论框架；第三部分搭建研究模型；第四部分进行实证分析；第五部分是结论。

一、文献综述

目前国内外学者对于系统性风险的研究范围主要围绕四个层面：第一个层面是立足于宏观视角的宏观系统性风险（Acharya，2010、Adrian 和 Brunnermeier，2010；Tarashev，2010；高国华 2013；姜林 2015），将金融体系的系统流动性也纳入其中，作为广义的系统性风险研究，最主要的度量方法是 MES（Acharya，2010）、CoVaR（Adrian 和 Brunnermeier，2010；高国华，2013）以及 Shapley value（Tarashev，2010）；第二个层面是金融体系的系统性风险，这也是学者研究最多的层面（Bernake，2009），认为系统性风险是导致金融体系极度脆弱、运行困难，市场动荡且经济环境受到严重影响的风险（Acharya，2010），主流的度量方法为基于资产负债表的综合指数法（Illing 和 Liu，2003；赖娟，2010）以及基于市场数据的指数（Bartram，2007；Gray 和 Jobst，2010；王书彬，2010）；第三个层次为银行体系的系统性风险，也被称为系统流动性风险，常用方法为网络模型法（Freixas 和 Parigi，2000；

黄聪和贾彦东，2010）；第四个层次是指金融市场的系统性风险，主要表现在资产定价领域（Adrian 和 Brunnermeier，2008），而本章主要研究对象为系统流动性风险。

与系统性风险不同，对于系统流动性风险的研究并不完善。IMF（2011）将系统流动性风险定义为多家金融就够同时陷入流动性困境的风险，这是目前对于系统流动性风险最为权威的定义。同时其是不能通过调整资产配置充分分散的，是系统性风险的重要组成部分（张玉龙，2012），与系统性风险类似，系统流动性风险也具有两个方面的特点（白雪梅，2014），可用于对系统流动性风险的存在性检验。一方面系统流动性风险不只局限于单个金融机构的风险，而是作用于整个金融体系（Lee，2011），也可将系统流动性风险定义为相关性较强的银行同时破产或者多个金融市场价格同时下降带来的整个金融市场损失的风险（Scott，2003）；另一方面是指系统流动性风险具有明显的负外部性，一旦系统流动性风险爆发会通过金融体系传导至整个金融市场（许争，2016），而其具体的传导机制及作用渠道则是本章研究的重点。

对于系统流动性风险的度量，以往研究多采用网络模型法（Eisenberg 和 Noe，2001；包全永，2005），主要基于银行间的资产负债表，通过建立债券债务矩阵形成连接网络，通过传染数目来衡量系统流动性风险，这种方法优点在于能够与银行间实际交易联系，通过识别网络里的节点筛选出风险最集中或最强的节点，但主要缺陷在于我国银行的债权损失率难以估计，这直接影响到模型的准确性（张蕊，2013）。而 Copula 模型广泛应用于评估投资组合的风险以及市场间的风险传染（Gray，2010；马君璐，2007），因此若从投资角度切换到融资角度，即可很自然的将 Copula 模型应用于评估系统流动性风险。

证券市场和房地产市场作为两大主要的投资市场，以往文献研究多立足于两市场与银行间市场的相关性以及两市场间的相关性（Daniel 和 Sheridan，1999；Quan，1996；刘勇，2004；陈怡，2009），基于流动性视角是否能通过三市场间相互作用机理及影响机制构筑系统流动性风险度量框架。

房地产市场流动性改变对于银行体系流动性的影响，这方面的研究文献较少，且目前对这方面的研究多从房价对银行资产质量影响的角度切入。钱小安（1998）分析了房地产价格和银行贷款之间的关系，他认为房地产价格使银行贷款的稳定性发生了改变，对银行贷款的数量与方向产生了影响，因而影响了银行体系的流动性，同时银行体系流动性水平将直接约束银行的信贷数量，当银行体系内存在过多的流动性时，会导致银行信贷扩张，使进入房地产市场的贷款上升，使房地产市场流动性上升，但由于房地产供给在短期内是固定的，且不能进行卖空交易，因此房地产市场流动性变动存在时滞（Hatakeda，2000），同时在此种情况下，流动性会在两个市场间转移，房地产市场流动性上升而银行体系流动性下降（Davis，2004）。Gerlach（2005）认为房地产市场和银行体系流动性之间仅存在单方面作用，即房地产市场流动性的波动会引起银行流动性的改变，但银行流动性改变则并不会对房地产市场流动性造成影响；而我国学者的研究大多仅局限于验证二者间是否存在相互作用的关系，皮舜（2004）通过比较静态分析的方法验证二者之间存在正反馈的作用机制，即房地产市场流动性的上升会引起银行流动性的减少，而银行流动性减少又会导致房地产市场流动性的上升；孔煜和魏锋（2009）研究得出银行信贷的支持是房地产市场流动性上升的主要原因，而房地产市场流动性的上升也影响了银行流动性，两者互为因果。从理论分析的角度研究房地产市场对于银行流动性的影响作用，文献多通过财富效应、托宾 Q 效应来分析（钱小安，1998；Davis，2004；Koetter，2010），房地产价格的改变通过财富效应、托宾 Q 效应影响借贷能力及需求，表现在银行体系流动性层面，进一步推动资产价格低改变。

国内外学者对证券市场与银行间市场流动性联动的研究围绕着至少存在一个共同的因素影响证券市场流动性（Goyenko，2009），而其研究最多的就是利率变动这一因素（Soederberg，2008）。Blanchard（1981）建立了证券市场与利率相互作用的理论模型，研究表明利率与股票价格存在明显的负相关关系，而 Spiro（1990）的研究也证实了这一点，他同时指出在利率上升时投资者应选择储蓄，而利率下降时投资于股票。与之前两种相关性研究不同的是，学者们对于利率变动对证券市场的影响的看法基本保持一致，即利率变动与股票价格是负相关的。而在两市场流动性的相关作用的研究上，国内外学者则存在分歧。Soederberg（2008）认为政策利率可以一定程度上解释证券市场的流动性，同时短期利率是影响证券市场流动性的主要因素；Goyenko（2009）选择美国联邦基金利率为样本数据，研究发现以利率变动为代表的紧缩的货币政策会降低证券市场流动性，同时他们还发现货币政策的影响似乎通过债券市场传导到股票市场中。目前国内学者对于银行体系流动性对于证券市场相关性的影响，主要集中于同业拆借市场利率变动影响（王丽英，2005；熊正德和谢敏，2007）。王丽英（2005）认为银行间同业拆借市场与证券市场流动性之间存在相关性，同时同业拆借市场流动性变动直接影响到证券市场的一级市场流动性，但并不影响证券市场的二级市场中的流动性。熊正德和谢敏（2007）选取了7天银行同业拆借率与上证综指的数据，建立了多变量的模型，得出结论认为银行间同业拆借率受到其自身滞后值以及股票收益率滞后值的共同影响，对波动溢出效应的检验表明利率与沪深股市之间的溢出效应是双向的。

考虑证券市场和房地产市场的相关性，虽然研究标的和区域不同，但一般认为两市场间具有长期动态关系，但目前的研究大多局限于两市场的价格因素方面，甚少研究两市场流动性间的相互关联。对证券市场及房地产市场流动性影响的驱动因素进行考量，Daniel 和 Sheridan（1999）研究认为宏观经济水平、利率以及预期因素是影响证券市场及房地产市场相关性的主要因素。Quan（1996）研究指出房地产市场和股票市场间的联动影响比它们分别和宏观经济变化之间的互动联系更为紧密。刘勇（2004）指出各宏观经济变量均会对我国证券市场流动性产生较为显著的影响，但证券市场流动性变动对于经济的促进作用则不显著（陈怡，2009）。同时，周京奎（2006）货币市场因素也会对两个市场流动性水平产生影响，而其中银行同业拆借利率占据主导地位，当我国货币政策调整时，提高利率或扩大货币供给时经济杠杆会引起两市场间流动性的波动（胡宗义，2009），而由于居民的投资渠道单一，金融投资产品较为匮乏且相对于股票市场来说，房地产市场对银行的依赖度更高，因而银行体系流动性的调整对于房地产市场流动性的影响更为强烈（洪涛和高波，2007）。Chen（2001）在验证了房市与股市因果关系的基础上，进一步论证了信贷机制是两市场动态相关性的有效传导途径。

二、理论框架

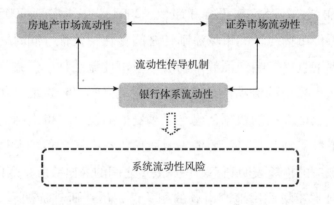

图1　系统流动性风险传导的理论框架

　　根据目前学术界常用的主流理论观点整理，本书分别研究了房地产市场、证券市场流动性以及银行体系流动性的双向作用机制。回顾国内外对于三市场相关性的主流理论，作为模型搭建的基础并通过实证结果验证金融体系是否可能出现系统流动性风险，如果存在进一步分析三市场间系统流动性风险的传播路径。

1. 银行体系流动性与房地产市场流动性

房地产行业作为典型的资本密集型行业，需要大量的资金投入，而银行信贷是其主要来源，因而信贷渠道是银行体系流动性作用于房地产市场的主要渠道，同时市场利率变动也会引发其变动。商业银行通过吸入流动性高的短期存款合约同时提供流动性低的贷款为社会创造流动性，这项流动性转换工作将不可避免地受到银行自身经营状况的影响。

当银行信贷扩张时，投入房地产市场贷款的增加会带动房市的繁荣，但是由于房地产开发的滞后性和土地供应的有限性，房地产市场供给在短期内调整缓慢，因此当需求上升时，房地产市场更多地是通过价格调整来实现供求平衡，而不是数量的调整；反之，当银行流动性监管要求上升时，银行会依据流动性压力的大小不同程度地收缩信贷，以满足正常经营的流动性需求，此时信贷收缩将导致整个社会投资水平的下降，对房地产价格产生负效应。换言之，银行流动性调整并不会同步影响房地产市场的流动性，而是先影响其价格因素，流动性反馈存在一定的滞后性。

同时根据房地产市场的财富效应，当房价上升时，一方面会直接影响居民的原有财富总量，居民感觉自身收入上升，未来投资预期增强；另一方面房地产价格变动使出售和租赁收入变动。换言之，人们关注的焦点不再是资产本身的生产和消费以及随之产生的盈利能力，而是通过价格的变化本身来获取利润，房价上升速度较快时反而会增加人们的投机行为。因此，房价上升会扩大私人部门对房地产的投资，增加其借贷需求。尤其在低利率的环境下，不断上涨的房价带来的低风险预期会使借款人过度融资。银行放贷意愿和私人部门借款意愿的同时上升将最终带来信贷的扩张，银行的流动性需求相对于流动性供给上升，银行体系流动性下降，系统流动性风险加大。反之，房价下降会带来企业账面价值的缩水，资产负债表状况恶化，加之抵押品价值下降，使得私人部门的借贷能力下降，同时还会带来房地产开发和投资的减少，两种效应共同造成银行信贷收缩，导致流动性需求相对于流动性供给下降，银行体系流动性上升。

2. 银行体系流动性与证券市场流动性

银行利率调整对于股票市场的影响，学术界主流理论主要有三类：

（1）凯恩斯的货币需求理论

凯恩斯提出"流动性偏好理论"将人们持有货币的动机分为三类，即交易动机、预防性动机及投机动机。而其中有关于证券市场流动性与银行利率相关性的是投机动机，他认为投机动机产生的关键在于未来利率的不确定性，当利率升高时，人们预期利率会在未来下降，由于股价与利率成反比，所以人们预期股价会上升，即现在低价买入会在未来获利，为了投机盈利，人们会在当期抛出货币，买入股票；反之，当利率下降时，人们预期利率会在今后有所上升，股价在未来会下降，于是人们抛售债券持有货币。因此，投机动机使得股票市场流动性是利率的减函数。

凯恩斯主义表明，人们会根据对利率的预期来调整投资于证券市场与货币的数额，预期利率下降，投资者更多的将资产投资于股票以实现增值保值，资金从货币市场进入证券市场，证券市场流动性有所上升，而当预期利率上升，投资者出售股票，从而资本市场资金量减少，更多的货币资金可能以储蓄的形式流入银行等金融机构，银行体系流动性上升，两者此消彼长。

（2）戈登增长模型

戈登增长模型较早研究了利率与股票价格间的资金价格数量关系，他认为利率与股价之间存在着一种均衡关系（戈登增长模型）：

$$P = \frac{D_o(1+g)}{R-g}$$

其中，D_o 表示当期股利，g 表示每年的股利增长率，R 表示股东要求的必要报酬率。

按照 CAPM 理论

$$R = r_f + \beta(r_m - r_f)$$

式中，r_f 代表无风险报酬率，β 代表相对于市场风险的目标股票的风险水平，r_m 代表市场收益率。很多学者认为，银行间市场利率更加接近理论上的无风险收益率，因此银行间市场利率水平直接影响了股东要求的必要报酬率，最终影响股票价格。从该模型看，股价与利率成反方向变动，即利率越高，股票的市场价格就越低，股票的价格指数也就越低。同时股票的内在价值取决于其未来的现金流和折现率。而银行体系流动性的改变则可以通过影响折现率来影响股票的内在价值。银行上调基准利率会导致贴现率的上升，从而导致股票内在价值的下降，这又会引起资金逃离股票市场，从而导致股票市场流动性的下降，系统流动性风险加大，同样的基准利率下降时，会吸引资金从证券市场流向银行等金融机构，使得银行体系流动性上升。

（3）企业的资产负债表效应

该理论建立在信息不对称的基础上，在这种情况下借款人比银行更具有信息优势。为减少或避免企业的逆向选择和道德风险，银行也一般会要求企业提供价值较高的物品做抵押。

假定货币当局实行紧缩性的货币政策，会导致货币供给的减少和利率上升。这一方面会增加企业的筹资成本，导致企业盈利能力下降；另一方面利率的上升也会导致企业发行股票价格的下降，从而恶化其资产状况，使企业所提供的担保品的价值下跌，银行无法收回的可能性就越大，结果使筹资者既无法通过发行股票直接融资，也无法向银行获得担保贷款，从而引起投资和产出的下降，使证券市场流动性下降。反之当中央银行下调利率，公司的融资成本会随着降低，利息负担也会减少，生产成本下降，从而导致企业所获得的利润上升。而利润的上升反应在股市上就是股利分红派息的增力，这会吸引资金流入股市，从而引起证券市场流动性的增加。

　　反过来讨论股票市场流动性对于银行市场流动性的影响，按照托宾 Q 理论，证券资产和货币资产具有一定的替代性，股票价格的变动直接影响了居民的货币需求，从而导致了资金在银行间市场跟证券市场间的流动，主要包括以下几个方面：

　　第一，财富效应，股票价格上升会造成一种假象，即名义上的居民收入水平上升，相应的居民消费水平会有所提高，对货币资金的需求增加，这意味着银行必须准备更多的流动现金以备居民取现消费，银行现金头寸不足可能会在同业市场借入资金。

　　第二，交易效应，股票价格的上涨需要大的成交量作为支撑，大的成交量意味着所需货币量就越大，投资者需要准备更多的资金以便随时进入证券市场，储蓄形式多采用活期、短期，从长期来看，资金流向证券市场，证券市场流动性上升而银行体系流动性下降。

　　第三，替代效应，股票价格的上涨，促使投资者调整自己的资产结构，居民可能更多的减少储蓄，持有股票，货币在居民资产中的比重下降，导致银行吸收的存款减少，银行体系流动性下降。

　　由此来看，证券市场价格的变动对货币需求产生作用的方向是不一致的，在股票价格上涨的情形下，财富效应使得银行及金融机构准备更多的流动资金，这些资金很可能就来自银行间同业拆借市场交易，交易效应、替代效应降低货币需求的量，资金从银行流向股票市场，反之，在股票下跌的情况下，会造成资金相反方向的流动，各种效用相互作用造成了股票市场流动性变动对银行市场流动性的影响。

　　3. 房地产市场流动性与证券市场流动性

　　（1）基于 Markowitz 的投资组合理论

　　Markowitz 的投资组合理论是 Harry M. Markowitz 1952 年在其学术论文中首次提出的，基于该理论来分析房地产市场与股票市场的相关性，假设市场上某一投资组合中只包含两种资产即股票 A 和房地产 B，二者

所占比例分别为 w_1 和 w_2，且 $w_1 + w_2 = 1$，收益率分别为 r_1 和 r_2，方差分别为 σ_1 和 σ_2，相关系数为 ρ。则投资组合的收益率和方差分别为

$$r = w_1 \times r_1 + w_2 \times r_2$$

$$\sigma^2 = w_1^2 \times \sigma_1^2 + w_2^2 \times \sigma_2^2 + 2w_1 \times w_2 \times \sigma_1 \times \sigma_2 \times \rho$$

从上式可以看出，当其他变量保持不变时，资产价值的改变会引发替代效应，某种资产收益上升会吸引资金流入，使该资产流动性上升，而在市场上流动性一定的条件下，会使另一资产的流动性降低。

考虑房地产市场和证券市场，当证券市场收益率上涨时，资金的逐利性使资金大量流入股票市场，证券市场流动性上升，而在市场流动性一定的条件下，房地产市场资金流出，使房地产市场流动性下降。反之，当房地产市场收益率上升时，会使资金从证券市场流入房市，房地产市场流动性上升，股票市场流动性下降。可见，基于 Markowitz 的投资组合理论和替代效应，房地产市场和证券市场流动性间存在负相关关系。

（2）基于财富效应

《新帕尔格雷夫经济学辞典》中将财富效应定义为："假定其他条件不变，由货币余额的变化所引起的总消费支出水平的变化。"，而在房地产市场流动性与证券市场流动性的作用机制中却并不是通常认为的从资产价格变动影响财富总量的作用方式。

①财富效应下证券市场流动性对房地产市场流动性的影响

本书将证券市场流动性对房地产市场流动性的影响分为直接影响和间接影响两类。直接影响是指证券市场流动性的改变直接作用于消费者财富总量进而影响房地产市场流动性的渠道。证券市场和房地产市场是我国消费者投资最大的两类市场，当证券市场收益率上升时，证券市场流动性上升，此时居民总体的财富水平上升，使居民增加对房地产市场的投资，提升房地产市场的流动性，同时居民也会进一步增加对于证券市场的资金投入，导致证券市场流动性与房地产市场流动性同

向变动；同样地，当证券市场收益率下降时，证券市场流动性下降，居民财富水平有所缩减，缩减房地产市场和股票市场投资，使得房地产市场和股票市场流动性有所下降。

证券市场流动性改变除了直接作用于房地产市场流动性外，还会带来间接影响。证券市场作为国民经济的"晴雨表"，反映了居民的财富预期以及市场信心情况，会间接影响居民的消费及投资。当证券市场收益率上升时，反映了较高的当期财富预期，证券市场流动性上升，同时消费者市场信心充足，会进一步提升对于证券市场及房地产市场的投资，使得两市场流动性同向上升；反之，当证券市场收益率下降时，居民的财富预期较差，对经济发展态势持观望或悲观看法，市场信心不足导致两市场流动性同向下降。

②财富效应下房地产市场流动性对于证券市场流动性的影响

财富效应下考虑房地产市场流动性改变对于证券市场流动性的影响是针对于不同房地产使用类型的。房地产市场投资占我国居民财富的较大比重，与证券市场类似的是当房地产价格变动时会直接影响居民可支配的财富总量以及居民对未来收入预期，进而影响投资及消费情况，但与证券市场不同的是房地产价格变动使得出售和租赁收入变动，居民总体收入水平改变，也会影响居民消费和投资水平，继而作用于市场流动性层面。

对于一方面类似于证券市场本书不再赘述，另一方面当房地产市场收益率上升时，出售及租赁的收入上升，实际收入的上升也增强了居民投资意愿，使得两市场流动性的上升。反之，房地产价格下降时，一方面，使居民未来收入预期下降，财富总额下降，居民处于谨慎性会减少投资及消费水平，房地产市场及股票市场流动性会有所下降；另一方面，通过出售及租赁获得的实际收入下降，会直接使得居民可投资金额下降，也会导致两市场流动性下降。

综上所述，财富效应使得房地产市场流动性和证券市场流动性同向变动、相互带动，而替代效应和投资资产组合理论又认为两者在一定程度上相互制约，从而形成了房地产市场流动性和证券市场流动性的相互作用机制。

（3）基于宏观经济角度

房地产市场和证券市场是我国消费者投资最主要的两类市场，两市场的发展都会影响我国宏观经济的整体发展，同时也都受到宏观经济因素的影响，本章分别从经济周期、通货膨胀、货币供应量和利率这四个宏观经济的重要角度来讨论宏观经济对于房地产市场流动性与证券市场流动性的影响以及两市场联动的作用机制。

①经济周期的影响

房地产市场作为周期性行业，其变动周期与经济周期繁荣、衰退、萧条、复苏的四个阶段基本同步。在经济繁荣时，一方面房地产行业上下游产业的发展，带动房地产需求上升，在短期房地产市场供给不变的条件下，房地产市场流动性加大；另一方面经济发展态势良好，在财富效应的影响下，资金流入房地产市场，推动房地产市场流动性进一步上升。反之，当经济衰退时期，供过于求伴随着投资者信心不足对于投资持谨慎态度，房屋成交量下降，房地产市场流动性进一步下降。

对于证券市场而言，作为宏观经济的先行指标，当经济处于繁荣时期，一方面实体经济发展，企业利润上升，经营状况良好，证券市场健康运行；另一方面经济的繁荣同样会带动投资者对于证券市场的投资热情，使得投资者看多股票，成交量上升，流动性上升。反之，经济衰退期，证券市场也会先行出现下跌趋势，投资者出于谨慎性原则会卖出一定量的股票，此时市场看空股票，对于市场下行的恐慌情绪会使得证券市场的流动性下降。

综上所述，在经济周期的影响下，房地产市场和证券市场流动性同向变动，在经济繁荣时流动性上升，而在经济衰退时流动性下降，但房地产市场流动性变动有所滞后，这是因为房产作为固定资产其出售、流通并不像证券市场那么便捷。

②通货膨胀的影响

投资房地产的一个显著优点就在于其具有抵御通货膨胀的功能，因而在经济处于通货膨胀时期，资金会进入房地产市场，房地产市场需求明显上升，使得流动性上升，而股票虽然也是一种抵御通货膨胀的资产，但是其受通货膨胀影响较为复杂，一方面类似于房地产市场，因为其保值性会增加其流动性；另一方面若通货膨胀严重时期政府干预上调利率则可能导致利率上升，抑制股价上涨。

在适度通货膨胀时期，作为抵御通货膨胀资产，房地产市场与证券市场流动性呈现同向上升的趋势，但在严重通货膨胀时期，房地产市场流动性高于证券市场流动性。

③货币供应量的影响

当一国货币供应量增加时，市场上可用于住房贷款的资金增加，房地产需求增加，流动性上升，而房价的上扬、投资市场的繁荣促使更多资金进入房地产市场，进一步推动了房地产市场流动性的增加。股票市场类似于房地产市场，在货币供应量增加时作为投资者重要投资渠道之一，股票市场的流动性也会增加。

④利率的影响

类似于 Markowitz 的投资组合理论的观点，经济学上通常认为利率变动与证券市场呈现负相关关系，利率下调时，一方面固定收益类产品吸引力下降，资金流入股票市场，流动性增加；另一方面公司融资成本下降，股东收益上升，股票市场吸引力上升，流动性进一步增加；不仅如此，本书认为利率市场变动也与房地产市场流动性呈负相关关系。当利率下调时，资金一方面会从固定收益产品流向房地产市场，增加了房地产市场的流动性，同时资金成本的下降也有利于开发商进行新的开发融资，增加房地产市场供给，为流动性增加提供了基础。

基于上述分析，可以看出不同理论框架下得出的房地产市场和股票市场流动性相关性结论并不相同。财富效应使房地产市场和股票市场流动性同向变动、相互带动，与替代效应和 Markowitz 的投资组合理论投资资产组合理论中两者相互制约一并形成了房地产市场和股票市场的相互作用机制；而基于宏观经济角度则认为除非经济处于严重通货膨胀时期，否则房地产市场流动性较差，股票市场流动性较强，在宏观经济因素较好时，房地产市场流动性和股票市场流动性会同向上升，而在宏观经济状况较差时，股票市场因为看空盒恐慌情绪影响流动性变动大于房地产市场，而房地产市场因出售流通程序较复杂，流动性变动会出现一定程度的滞后。

三、研究模型

（一）确定边缘分布

首先通过参数法和非参数法确定随机变量的边缘分布，其中参数法主要通过 J – B 检验、K – S 检验及 Lillie 检验来检验变量是否符合正态分布：

$$J - B = \frac{n}{6}\left(s^2 + \frac{(k-3)^2}{4}\right)$$

其中，S 为序列偏度，K 为序列峰度，n 为样本容量。

$$KS = max[\,|\,F_n(X) - G(X)\,|\,]$$

其中，$F_n(X)$ 指随机序列的经验分布函数，$G(X)$ 指序列的分布函数。

$$Little = max\,|\,SCDF(X) - CDF(X)\,|$$

其中，$SCDF(X)$ 指随机序列的经验分布函数，$CDF(X)$ 指序列的分布函数。

与非参数法相比，参数法存在明显的弊端即要求已知随机变量的分布，为了避免对于序列分布的依赖，本书接着通过非参数法对序列是否服从正态分布进行进一步的验证。

假设 X_1，X_2，X_3，$\cdots$，X_n 为总体 X 的样本，而 x_1，x_2，x_3，$\cdots$，x_n

为对应的样本观测值，则经验密度函数

$$\widehat{f_n(x)} = \begin{cases} \dfrac{f_i}{h_i} = \dfrac{n_i}{nh_i}, x \in I_i, i = 1,2,\cdots,k \\ \\ 0, \end{cases}$$

而 $f(x)$ 的核密度估计式为

$$\widehat{f_h(x)} = \frac{1}{nh} \sum_{i=1}^{n} K(\frac{x - X_i}{h})$$

其中核函数 $K(x) \geq 0, \int_{-\infty}^{+\infty} K(x) dx = 1$。

（二）确定二元 copula 函数类型

常见的二元 copula 函数如表 1 所示，本书按照分布图的对称性将其分为对称型和非对称型，其中 t Copula 函数用于分布具有对称尾部的序列，Gaussian Copula 函数和 Frank Copula 函数没有尾部相关性，而 Gumbel Copula 函数和 Clayton Copula 函数用于分布具有不对称尾部的序列。

因为金融序列分布多呈现非对称性，因而本书分析阿基米德 copula 中的 Gumbel Copula 和 Clayton Copula。

1. Gumbel Copula 函数

Gumbel Copula 函数的分布函数、密度函数分别为

$$C_G(u,v;a) = exp\left(-\left[\left(-\ln u\right)^{\frac{1}{a}} + \left(-\ln v\right)^{\frac{1}{a}}\right]^a\right)$$

$$C_G = \frac{C_G(u,v;a)\left(\ln u \cdot \ln v\right)^{\frac{1}{a}-1}}{uv\left[\left(-\ln u\right)^{\frac{1}{a}} + \left(-\ln v\right)^{\frac{1}{a}}\right]^{2-a}} \left\{\left[\left(-\ln u\right)^{\frac{1}{a}}\right.\right.$$
$$\left.\left. + \left(-\ln v\right)^{\frac{1}{a}}\right]^a + \frac{1}{a} - 1\right\}$$

其中，$a \in (0,1]$，为相关参数。当 $a = 1$ 时，随机变量 u, v 独立，即 $C_G(u,v;1) = uv$；当 $a \to 0$ 时，随机变量 u, v 趋向于完全相关，$lim_{a \to 0} C_G(u,v;a) = min(u,v) = C^+$。Gumbel Copula 函数的密度函数具

有非对称性，呈现"J"字形，即上尾高下尾低，对上尾变化十分敏感，通常用于描述具有上尾相关性的相关关系。

2. Clayton Copula 函数

Clayton Copula 函数的分布函数、密度函数分别为

$$C_{CI}(u,v;\theta) = (u^{-\theta} + v^{-\theta} - 1)^{-\frac{1}{\theta}}$$

$$C_{CI}(u,v;\theta) = (1+\theta)(uv)^{-\theta-1}(u^{-\theta} + v^{-\theta} - 1)^{-2-\frac{1}{\theta}}$$

其中，$\theta \in (0,\infty)$，为相关参数。当 $\theta \to 0$ 时，随机变量 u,v 独立，即 $lim_{\theta \to 0} C_{CI}(u,v;\theta) = uv$；当 $\theta \to \infty$ 时，随机变量 u,v 趋向于完全相关，$lim_{\theta \to \infty} C_{CI}(u,v;\theta) = min(u,v) = C^{+}$。Clayton Copula 函数的密度函数也具有非对称性，但与 Gumbel Copula 函数不同，Clayton Copula 函数的密度分布呈现"L"形，即下尾高上尾低，对下尾变化十分敏感，通常用于描述具有下尾相关性的相关关系。

表 1　　　　　　　　　　常见的二元 copula 函数

Copula 函数类型	数学公式
t Copula	$C_T(u_1, u_2 \mid \rho, k) = \int_{-\infty}^{tk^{-1}(u_1)} \int_{-\infty}^{tk^{-1}(u_2)} \frac{1}{2\pi \sqrt{1-\rho^2}} \left[1 + \frac{s^2 - 2\rho st + t^2}{k(1-\rho^2)} \right]^{-\frac{k+2}{2}} dsdt$
Gaussian Copula	$C_N(u_1, u_2 \mid \rho) = \int_{-\infty}^{\phi^{-1}(u_1)} \int_{-\infty}^{\phi^{-1}(u_2)} \frac{1}{2\pi \sqrt{1-\rho^2}} exp(-\frac{s^2 - 2\rho st + t^2}{2(1-\rho^2)}) dsdt$
Frank Copula	$C_F(u_1, u_2 \mid \rho) = -\frac{1}{\rho} \ln \left[1 + \frac{(e^{-\rho u_1} - 1)(e^{-\rho u_2} - 1)}{e^{-\rho} - 1} \right]$
Gumbel Copula	$C_G(u,v;a) = exp\left(-\left[(-\ln u2)^{\frac{1}{a}} + (-\ln v2)^{\frac{1}{a}} \right]^a \right)$
Clayton Copula	$C_{CI}(u,v;\theta) = (u^{-\theta} + v^{-\theta} - 12)^{-\frac{1}{\theta}}$

（三）尾部相关性分析及 Copula 函数相关性分析

Copula 函数对尾部相关性的分析包括上尾相关系数 λ_U 和下尾相关系 λ_L，通常用于刻画两市场是否会同时处于暴涨或暴跌的情形。

$$\lambda_U = \lim_{u \to 0} Pr[(x_1 \leq F_1^{-1}(u) \mid x_2 \leq F_2^{-1}(u)] = \lim_{u \to 0} \frac{C(u,u)}{u}$$

$$\lambda_Z = \lim_{u \to 1} Pr\left[x_1 \leqslant F_1^{-1}(u) \mid x_2 \leqslant F_2^{-1}(u) \right] = \lim_{u \to 1} \frac{1 - 2u + C(u,u)}{u}$$

Copula 函数 $C(u,v)$ 与 Kendall 秩相关系数 τ，Speramanz 秩相关系数 ρ 关系如下：

$$\tau = 4 \int_0^1 \int_0^1 C(u,v) dC(u,v) - 1$$

$$\rho = 12 \int_0^1 \int_0^1 uv dC(u,v) - 3 = 12 \int_0^1 \int_0^1 C(u,v) du dv - 3$$

特别地，对于 Gumbel Copula 函数和 Clayton Copula 函数的尾部相关系数 λ 有：

$$\lambda_U(Gumbel\ Copula) = 2 - 2^{\frac{1}{\alpha}}, \lambda_L(Gumbel\ Copula) = 0$$

$$\lambda_U(Clayton\ Copula) = 0, \lambda_L(Clayton\ Copula) = 2^{-\frac{1}{\alpha}}$$

四、实证分析

为研究不同市场流动性间的相互影响，本书在指标选取方面，选择 2010 年 1 月至 2017 年 3 月的证券市场每日换手率、商品房成交量以及 7 日回购利率分别作为证券市场流动性、房地产市场流动性以及银行间市场流动性的衡量指标。本书数据来源 Wind 数据库以及中国人民银行网站，计量软件选用 Matlab 2015b。

（一）确定边缘分布

首先，本书用参数法确定三个随机变量的边缘分布，如图 2 ~ 图 4 所示，通过绘制证券市场、房地产市场以及银行间市场流动性的频率直方图，初步判断变量的分布类型及 Copula 函数类型。从频率直方图可以明显看出，三个变量的分布均不对称，进一步对变量进行正态性检验（见表 2）所示，三个序列的偏度均偏离零，峰度均大于 3，同时结合 J – B 检验、K – S 检验及 Lillie 检验结果，说明三个变量基本不服从正态分布，其中证券市场流动性和银行间市场流动性数据均呈现右偏拖尾现象，而房地产市场流动性数据则呈现明显的左偏拖尾现象，且三者都具有尖峰厚尾的特点。

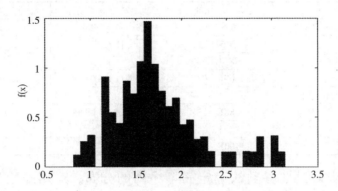

图 2　证券市场流动性分布图

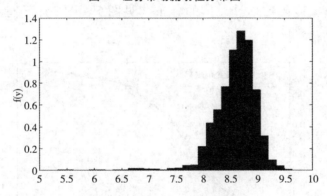

图 3　房地产市场流动性分布图

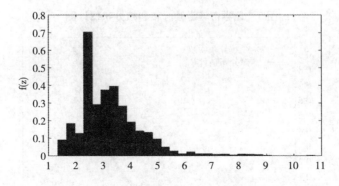

图 4　银行间市场流动性分布图

表2 统计检验结果

		证券市场流动性	房地产市场流动性	银行间市场流动性
	偏度	0.8924	− 1.9298	1.5065
	峰度	3.6417	12.6338	7.1376
J − B 检验	H 值	1	1	1
	P 值	1.00E − 03	1.00E − 03	1.00E − 03
K − S 检验	H 值	1	1	1
	P 值	9.86E − 23	1.38E − 09	2.04E − 11
Lillie 检验	H 值	1	1	1
	P 值	1.00E − 03	1.00E − 03	1.00E − 03

进一步通过非参数法确定三个序列的分布，运用经验累积分布（ECDF）函数求样本的经验分布函数，作为总体分布函数的近似，并利用核光滑密度函数估计总体的分布（见图5~图7）。经验分布函数图和核分布估计图几乎重合。

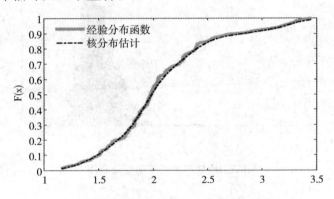

图5 证券市场经验分布和核分布估计图

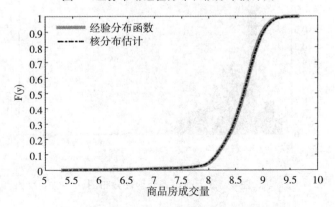

图6 房地产市场经验分布和核分布估计图

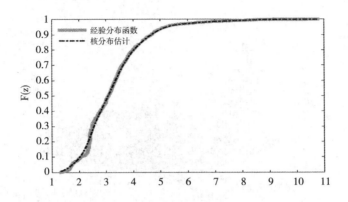

图7　银行间市场经验分布和核分布估计图

（二）选取合适的 Copula 模型

通过计算银行间市场流动性与证券市场及房地产市场、证券市场与房地产市场的边缘分布 $U = F(x)$、$V = G(x)$，可以初步通过（U，V）二元直方图的形状来确定 copula 函数。如图 8 ~ 图 10 所示。三种市场流动性数据间的频率直方图并不具备尾部对称性，即（U，V）的 copula 密度函数不具有对称的尾部，所以初步判断用非对称 Gumbel – copula 或者 Clayton – copula 更符合分布要求。

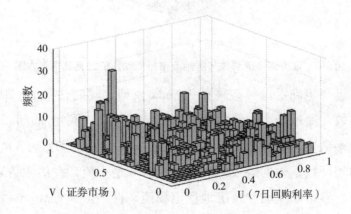

图8　银行间市场流动性与证券市场流动性的二元频率直方图

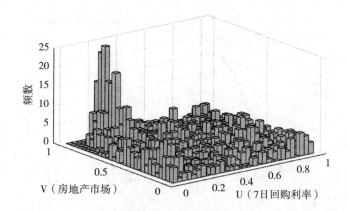

图 9　银行间市场流动性与房地产市场流动性的二元频率直方图

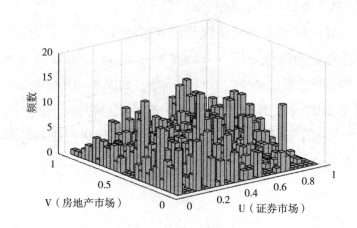

图 10　证券市场流动性与房地产市场流动性的二元频率直方图

　　为了进一步确定选择较优的 Copula 模型，同时估计 copula 函数中的未知参数，通过最大似然估计来进行参数估计，利用 copulafit 函数估计 copula 函数中相关参数并选择较优的 Copula 函数（见表 3），L 指似然函数的相反数，根据最大似然估计法 L 取最小值，在估计结果中银行间市场与证券市场流动性及房地产市场流动性中皆为 Clayton – copula 函数的 L 拟合值最小，因此选用 Clayton – copula 函数，而在证券市场与房地产市场流动性中 Gumbel – copula 函数的 L 拟合值更小，因此选用Gumbel – copula 函数，而 AIC 指标来源于 Akaike 准则，AIC ＝（2 倍参

数个数 – 2 倍对数似然函数值）/T，通常用于评价模型估计结果，数值越小说明模型估计越准确，可以看出银行间市场与证券市场流动性及房地产市场流动性中仍是 Clayton – copula 函数最佳，证券市场与房地产市场流动性中 Gumbel – copula 函数最佳。

表 3　　　　　　　　　　　Copula 函数相关估计表

	Gumbel – copula		Clayton – copula	
	L	AIC	L	AIC
银行间市场与证券市场流动性	– 2. 3561	– 3. 8861	– 5. 8327	– 10. 6785
银行间市场与房地产市场流动性	– 3. 2724	– 6. 7753	– 6. 8503	– 11. 9654
证券市场与房地产市场流动性	8. 2459	9. 6578	10. 8675	13. 4673

（三）尾部相关性分析及 Copula 函数相关性分析

证券市场与银行间市场流动性的尾部相关性为

$$\lambda^{lo}(\text{Clayton} - \text{copula}) = 2^{-1/\alpha} \approx 0.4285$$

房地产市场与银行间市场流动性的尾部相关性为

$$\lambda^{lo}(\text{Clayton} - \text{copula}) = 2^{-1/\alpha} \approx 0.5072$$

证券市场与房地产市场流动性的尾部相关性为

$$\lambda^{up}(\text{Gumbel} - \text{copula}) = 2 - 2^{-1/\alpha} \approx 0.5767$$

以上对不同市场间选择的 Copula 模型的尾部相关性进行了计算，从以上结果可以看出，证券市场流动性、房地产市场流动性以及银行间市场流动性之间具有显著的相互影响，如证券市场收益率上升时，导致证券市场流动性上升而银行间市场流动性下降的概率为 42.85%；房地产市场流动性变动对于银行间市场流动性变动的影响概率为 50.72%，而证券市场流动性变动对于房地产市场流动性的影响概率则为 57.67%。

本章接着对三个市场间的相关性进行了分析。图 11 ~ 图 13 分别是证券市场流动性、房地产市场流动性及银行间市场流动性间二元 Copula 的密度函数和分布函数图。结合上节分析，银行间市场与证券市场流动性及房地产市场流动性中仍是 Clayton – copula 函数最佳，从银行间市场与证券市场流动性及房地产市场流动性变量的二元 Clayton – copula 密度函数和分布函数图可以看出证券市场流动性、房地产市场流动性与银行间市场流动性皆存在明显的下尾相依特性，分布的下尾部变量间具有较强的相关性，而在分布的上尾部，变量间则是渐近独立的，这与理论依据中的分析相一致，充分验证了证券市场以及房地产市场流动性变动与系统流动性风险的相关性。

对于证券市场而言，在股票价格上涨的情形下，财富效应使得银行及金融机构准备更多的流动资金，这些资金很可能就来自于银行间同业拆借市场交易，交易效应、替代效应降低货币需求的量，资金从银行流向股票市场。反之，在股票下跌的情况下，会造成资金相反方向的流动，各种效用相互作用造成了股票市场流动性变动对银行流动性市场的影响，而从尾部相关性的计算结果及密度函数和分布函数图来看，证券市场与银行间市场流动性的下尾相关性较为显著，此时存在系统流动性风险。

而对于房地产市场而言，当银行信贷扩张时，投入房地产市场贷款的增加会带动房市的繁荣，但是由于房地产开发的滞后性和土地供应的有限性，房地产市场供给在短期内调整缓慢，因此当需求上升时，房地产市场更多地是通过价格调整来实现供求平衡，而不是数量的调整；反之，当银行流动性监管要求上升时，银行会依据流动性压力的大小不同程度地收缩信贷，以满足正常经营的流动性需求，此时信贷收缩将导致整个社会投资水平的下降，对房地产价格产生负效应，房地产市场与银行间市场流动性存在更为明显的下尾相关性，此时市场存在系统流动性风险。

考量证券市场流动性与房地产市场流动性的尾部相关性，从尾部相关性的计算结果及密度函数和分布函数图来看，分布的上尾部变量间具有较强的相关性，而在分布的下尾部，变量间则是渐近独立的，说明证券市场与房地产市场流动性具有较强的上尾相关性，这与宏观经济角度的分析相一致，在宏观经济因素较好时，房地产市场流动性和股票市场流动性会同向上升，而在宏观经济状况较差时，股票市场因为看空盒恐慌情绪影响流动性变动大于房地产市场，而房地产市场因出售流通程序较复杂，流动性变动会出现一定程度的滞后，即上尾相关性更强。

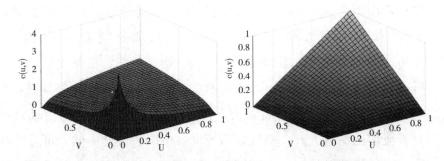

图 11　证券市场与银行间市场流动性二元 Clayton – copula 密度函数和分布函数图

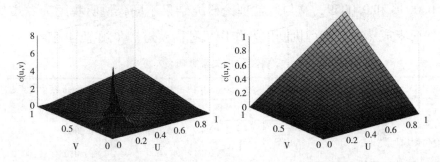

图 12　房地产市场与银行间市场流动性二元 Clayton – copula 密度函数和分布函数图

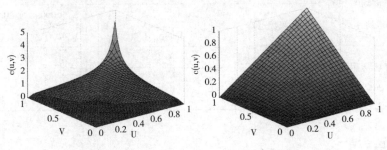

图 13　证券市场与房地产市场二元 Gumbel – copula 密度函数和分布函数图

　　估计了 copula 中的参数后，本章继续估计 Kendall 秩相关系数和 Spearman 秩相关系数。从三个市场的 Kendall 秩相关系数和 Spearman 秩相关系数可以看出之前的相关性分析较好地反映了三个市场流动性间的相关性。由表 4 可知，证券市场与房地产市场流动性的 Kendall 秩相关系数和 Spearman 秩相关系数分别为 − 0. 0245 和 − 0. 0314，说明证券市场与房地产市场流动性呈现负相关关系，验证了理论分析中替代效应和投资资产组合理论所得结论，而房地产市场与银行间市场流动性的 Kendall 秩相关系数和 Spearman 秩相关系数分别为 − 0. 0104 和 − 0. 0156，说明房地产市场与银行间市场流动性呈现负相关关系，与理论分析中所得结论相同，房地产市场收益率上升时，银行放贷意愿和私人部门借款意愿的同时上升将最终带来信贷的扩张，银行的流动性需求相对于流动性供给上升，银行体系流动性下降，反之亦然。证券市场与银行间市场流动性的 Kendall 秩相关系数和 Spearman 秩相关系数分别为 0. 0036 和 0. 0059，这与通常理论研究结果不同，说明我国证券市场发展尚未成熟，其运行机制以及作用机理需要进一步规范与完善。

表 4　　　　　　　　　　　　　各项秩相关系数值

		Kendall 秩相关系数	Spearman 秩相关系数
证券市场与银行间市场流动性	Clayton − copula	0. 0036	0. 0059
	corr 函数矩阵	$\begin{pmatrix} 1.0000 & -0.0121 \\ -0.0121 & 1.0000 \end{pmatrix}$	$\begin{pmatrix} 1.0000 & -0.0103 \\ -0.0103 & 1.0000 \end{pmatrix}$
房地产市场与银行间市场流动性	Clayton − copula	− 0. 0104	− 0. 0156
	corr 函数矩阵	$\begin{pmatrix} 1.0000 & -0.0249 \\ -0.0249 & 1.0000 \end{pmatrix}$	$\begin{pmatrix} 1.0000 & -0.0327 \\ -0.0327 & 1.0000 \end{pmatrix}$
证券市场与房地产市场流动性	Gumbel − copula	− 0. 0245	− 0. 0314
	corr 函数矩阵	$\begin{pmatrix} 1.0000 & -0.0341 \\ -0.0341 & 1.0000 \end{pmatrix}$	$\begin{pmatrix} 1.0000 & -0.0273 \\ -0.0273 & 1.0000 \end{pmatrix}$

五、结论

　　系统性风险的度量与监管成为国内外学者研究的重点，而系统流动性风险作为系统性风险的重要组成部分，其在银行间市场、证券市场及房地产市场间的传导机制是本文的研究重点。考虑到融资渠道的流动性会在房地产市场以及证券市场流动，本书从投资角度切换到融资角度，将 Copula 模型应用于评估系统流动性风险，以期构建一个关于三个市场的系统流动性的联动体系框架。

从金融理论方面来看，本书基于 Markowitz 的投资组合理论以及财富效应、替代效应角度对证券市场和房地产市场流动性的相关性进行分析，理论认为财富效应使得房地产市场和证券市场流动性同向变动、相互带动，而替代效应和投资资产组合理论则会造成两者反向变动，在一定程度上使得两市场相互制约。从实证角度进行验证，发现证券市场与银行间市场流动性呈现负相关关系，更加符合理论分析中替代效应和投资资产组合理论所得结论，说明当证券市场收益率上涨时，资金的逐利性使得资金大量流入股票市场，证券市场流动性上升，而在市场流动性一定的条件下，房地产市场资金流出，使得房地产市场流动性下降。反之，当房地产市场收益率上升时，会使得资金从证券市场流入房市，房地产市场流动性上升，股票市场流动性下降。在纳入银行间市场流动性进行考量后，针对房地产市场理论认为一方面银行流动性调整并不会同步影响房地产市场的流动性，而是先影响其价格因素，流动性反馈存在一定的滞后性；另一方面当房地产市场收益率上升时，银行放贷意愿和私人部门借款意愿的同时上升将最终带来信贷的扩张，银行的流动性需求相对于流动性供给上升，银行体系流动性下降，两市场流动性呈现此消彼长的态势，而针对于证券市场也是如此。在实证检验方面，数据结果显示房地产市场与银行间市场流动性呈现负相关关系，与理论分析中所得结论相同，但证券市场与银行间市场流动性呈现正相关关系，这与通常理论研究结果不同，这说明我国证券市场发展尚未完善。从系统流动性来看，在市场流动性一定的条件下，银行间流动性与证券市场和房地产市场流动性呈现此消彼长的态势，而对于证券市场流动性和房地产市场流动性，财富效应使其同向变动、相互带动，而替代效应和投资资产组合理论又认为两者在一定限度上相互制约，从而形成了相互作用机制。

第三章 流动性风险压力测试的理论及实践[①]

压力测试是近年来银行风险管理中的新手段，旨在测度银行面临"小概率但可能发生"的极端情况下的风险承受能力。而 2008 年国际金融危机爆发，凸显了银行体系存在的巨大流动性风险隐患，也暴露了流动性风险管理的缺失。因此，危机爆发后，流动性风险的压力测试自然成为银行风险管理和监管领域关注的重点。与其他风险的压力测试不同，流动性风险的压力测试面临自身风险定义维度较多且相互影响、基础支持数据参差不齐、流动性风险来源多样化从而导致情景设计的复杂性，以及流动性风险与其他风险相互关联等特点，从而为其理论研究和实践带来了一定的难度。本书将围绕着这些特点，通过流动性风险压力测试理论模型的回顾和各国实践经验的总结，试图厘清流动性风险压力测试的关键环节，并为在中国推进并开展系统流动性风险压力测试提出建议。

一、流动性风险及其压力测试

根据银监会在 2009 年《商业银行流动性风险管理指引》中的定义，流动性风险是指商业银行虽然有清偿能力，但无法及时获得充足资

金或无法以合理成本及时获得充足资金以应对资产增长或支付到期债务的风险。流动性风险可以分为融资流动性风险和市场流动性风险。融资流动性风险是指商业银行在不影响日常经营或财务状况的情况下，无法及时有效满足资金需求的风险。市场流动性风险是指由于市场深度不足或市场动荡，商业银行无法以合理的市场价格出售资产以获得资金的风险。这两种流动性风险并不是相互独立的（见表1），在一定程度上两种风险是相互传染和相互影响的，这便为流动性风险的度量和管理带来了一定的难度。同时，在两种风险的共同作用下，可能形成系统性的流动性风险。到目前为止，系统流动性风险尚不存在被普遍接受的定义，国际货币基金组织（IMF）的金融稳定报告认为系统流动性风险是指多家金融机构同时遇到流动性困难的风险，然而在实践中系统流动性风险往往被等同于系统性风险。

表1　　　　　　　　　　　**流动性风险的传染和扩散**

	反应银行	银行体系	
银行间传染	银行间借贷↓	银行间融资↓	
资产市场传染	资产抛售↑	资产价格↓	
融资流动性向市场流动性传染	流动性准备金↓	可交易证券价值↓	
市场流动性向融资流动性传染	证券抛售↑	逐日盯市资产价值↓	担保融资↓

流动性风险与其他风险的覆盖方式不同，常用来覆盖非预期损失的资本并不能成为流动性危机中有效的缓冲器，更适合流动性风险管理的是净现金流出的减少和流动资产对净现金流入的抵消。同时，流动性风险具有爆发频率低、发生速度快且影响较大的特点。一般来说，流动性风险管理既包括正常环境下的日常管理、紧急情况下的应急管理，也包括极端情景下的预防管理，即压力测试。前两者更多体现在事中和事后的管理，而流动性风险来势凶猛且为银行预留的反应时间极少，同时其爆发的低频率也为管理的前瞻性提出了更高的要求，因此在流动性风险管理中，体现了事前管理理念的压力测试对风险防范更有意义。

　　流动性压力测试是一种以定量分析为主的流动性风险分析和管理方法，通过测算商业银行在遇到假定的小概率事件等极端不利情况下可能发生的损失，从而判断和评估商业银行流动性管理体系的脆弱性，进而采取必要措施降低极端不利情景可能对银行流动性的影响，提升商业银行抵抗流动性风险的能力。与一般风险的压力测试相同，流动性风险压力测试也具有"自上而下"和"自下而上"两种方式，同时可以根据结果导向的不同分为"正向测试"和"回溯测试"。

　　在2008年国际金融危机爆发前，流动性压力测试并未受到广泛的重视，这一方面是由于流动性风险自身没有引起银行管理者的关注造成的，但是更多的因素是由于流动性风险压力测试实现的难度较高。主要表现在如下四个方面：第一，流动性风险自身的定义和类别多样化，从而导致其度量方法和结果显示不具有统一的标准。如前所述，流动性风险不仅包括多种类别，而且不同类别的流动性风险还会互相影响并发生风险传染，而由于流动性风险的多样性和不确定性，加之与银行资产负债结构之间的紧密关系，使不同银行对其进行度量的手段和关注的重点各不相同。第二，数据基础的局限性限制了流动性风险度量的准确性。实现流动性风险的准确度量依托于细致的资产负债分类、现金流入流出的合理估计以及资产变现能力的准确判断，然而这些都是以细化的历史数据及其完备性为前提的。当前各家银行的数据基础有所差别，资产负债的分类数据更是长度有限，这便影响了流动性风险估计的准确性。第三，流动性危机的特殊性为压力测试情景的设计带来了难度。由于流动性危机爆发的频率较低且在历次危机中很难找到较多的共同点和触发机制，从而加大了对其进行准确模拟和度量的难度，也缺乏较为标准的假设。此外，流动性风险的多样化来源也是压力测试情景设计的难点之一，流动性风险的来源往往无规律可循，政治的不稳定、谣言的传播都可能成为下一场流动性危机的导火索。第四，流动性风险与其他各类风险之间的相关性也为流动性风险压力测试带来了难度。信用风险、市场风险和操作风险都可能转化为流动性风险，而一家银行的流动性风险可能对其交易对手来说就体现为信用风险，而当大部分金融机构都面临流动性风险时，可以认为此时的流动性风险便等价为系统性风险。

二、微观流动性风险压力测试的一般实践

对于流动性压力测试在微观机构中的应用，一直是伴随着流动性风险度量模型和管理方法的不断演变而有所发展，在理论框架的研究中，Čihák（2007）、Matz 和 Neu（2007）分别给出了流动性压力测试的具体步骤和模型方法，后人也在此基础上展开了不同程度的创新和细化，但整体来说大致可以分为如下三个步骤。

第一步，构建压力测试的压力情景、明确压力情景下的冲击大小。压力测试可以分为敏感性分析和情景测试两种，分别对应不同的假设条件。在敏感性分析中仅需确定重要的风险影响因素，而在压力测试情景测试的假设中，涉及冲击的来源和构成的压力情景，主要包括确定型情景和概率型情景两类。其中，确定型情景面临的最大挑战便是历史并不能成为未来的最佳预测；而在进行概率型情景的假设中，我们可以通过风险价值（VaR）和极值分析、蒙卡洛分析等方法实现，但其面临的问题是可能关心的压力情景根本不在历史事件的概率域中。

在风险因素的选择中，敏感性分析和情景分析具有内在一致性，其出发点都是什么因素将引起银行流动性的变化。流动性风险作为一种结果性风险（Consequential risk），其引发因素可能是外生的，包括市场干扰、国家风险等，也可能是内生的，包括由信用风险或操作风险引发的等。经过汇总分析，我们认为这些因素主要包括：一是利率因素，利率变化不仅影响了利率敏感的资产负债，还对其期限结构有所影响，特别是带有选择权或附加期权的资产负债；二是经济状况，宏观经济的状况以及金融市场的流动性情况都将通过信用风险、融资承诺或直接对银行机构的流动性风险产生影响；三是机构的融资能力，与其融资成本

或信用等级等密切相关，将会在多方面影响流动性风险；四是交易对手的信用风险和信心，交易对手信心的缺失将导致定期存款流失、期权行权等。与交易对手相关的还存在负债黏性的问题，这不仅与负债是否被担保，交易对手的信息来源有关，还与交易对手与银行的关联性紧密相连。

根据 Matz 和 Neu（2007）的总结，在敏感性分析中，主要包括系统性的流动性风险因素和银行业的风险因素，其中系统性的流动性风险因素主要包括利率水平、信贷息差、市场融资难度和银行出售资产所需时间；银行业的流动性风险因素主要包括存款损失假设、表外承诺的融资要求假设、资本市场融资假设等。在情景设计中确定型情景的制定往往是由一系列具体的要素构成的。欧央行（ECB，2008）对欧洲各银行流动性压力测试的调查报告中指出在市场范围的流动性风险情景假设中，常常使用的要素包括一个特定的地理环境、压力来源、主要融资市场的崩溃、一组负的经济指标和预设的压力程度，这些都主要是确定型情景。而对于概率型情景而言，可以仅仅考虑一系列引起流动性变化，主要是引起融资能力和资产价值变化的因素。

第二步，选择适当的流动性风险度量指标或模型，通过承压变量估计冲击的影响大小和持续时间。与一般情况下的风险度量模型和压力测试模型的关系相同，流动性风险压力测试模型和流动性风险度量模型也是具有内在一致性的，所不同的是参数选择和模型结构上应更多考虑极端压力情景下的变量关系。目前流动性的度量可以分为静态方法和动态方法两种。

静态方法主要是结合资产负债表进行流动性风险的衡量，主要包括简单指标法和资产负债到期期限错配法（Balance – sheet maturity mismatch）。前者是指通过存贷比、资产流动性比例、负债流动性比例等指标，反映在不考虑银行在金融市场上获得流动性能力或失去流动性可能的情况下某一时点上的银行流动性水平。后者则是通过计算银行资产和负债的各期限缺口以度量流动性风险。

　　动态方法则反映了银行在一段时间内的流动性状况，根据 ECB
（2008）对欧洲各国压力测试模型的调查，目前动态方法有现金流缺口
分析法（Cash flow gap analysis）和流动性储备分析（Liquidity stock ap-
proach）两种。前者主要包括现金流到期期限错配方法（Cash flow Ma-
turity Mismatch），是通过度量不同时间区间内的现金流入和流出的错配
以实现对流动性的度量；后者是度量银行始终必须持有的合格流动性
资产的最低储备的方法。在参加欧央行调研的 84 家银行中，有 57 家银
行使用的是现金流到期期限错配方法，其中 27 家银行使用现金流到期
期限错配和流动性储备分析结合的方法。下文将给出结合这两种动态
方法进行流动性风险压力测试的一般流程。

　　首先，预测不同压力情景下每一段未来期限的现金流入与流出。这
里的现金流入与流出主要包含三大部分：一是合同型现金流入与流出；
二是客户行为导致的现金流入与流出，这可能来自带有选择权合同的
产品，如可选择提前还款的贷款等，也包括新增贷款等非合同行为；三
是非任意的证券现金流入与流出，主要包括投资与借款合同期限到期。
这里将合同型现金和假设的现金流分开不仅是出于计算的需要，也是
为了使假设情景驱动的现金流更容易被识别。其次，计算不同压力情景
下净现金流覆盖比或缓冲比率，以说明未来预期的现金流入对现金流
出的覆盖情况。再次，确定流动性储备金额。即保证流动性需求（综
合平衡能力）与可用流动性来源匹配。通过判断不同压力情景下流动
性来源和获得流动性储备来源的次序，并对每种流动性来源变现所需
要的时间进行预测，从而确定我们能够得到的现金数量。最后，将预测
需要的流动性数量与未来可得到的流动性数量进行对比匹配，得到压
力测试结果。流动性压力测试的结果也可以表现为在一定时间期限内、
在没有外界流动性注入的条件下银行可以存活的最短生存期，从某种
程度上可以说是银行拥有的流动性储备能够为银行"买到"多长时间。

第三步，得出压力测试结论，实施有效管理。相比较获得压力测试结果来说，更为重要的便是将流动性压力测试的结果与风险管理之间建立必要有效的联系，特别是将其与银行的流动性应急计划联系起来。在压力测试结果表明的可持续时间内，寻找更多的融资来源以补充流动性需求。

Čihák（2007）给出的流动性风险压力测试的模板（Stress Tester 2.0 file），实现了上述压力测试的基本流程。该模板是通过 Excel 文档实现的，两个计算模板分别实现了简单的流动性风险压力测试和考察了风险传染的流动性风险压力测试。模板1基于对银行活期和定期存款流失率的假设，考察了未来现金流的变化，将其与流动性资产和其他资产的变现能力进行比较，从而得到流动性缺口。模板2则模拟了流动性传染的情况，假设流动性从最小或最脆弱的银行爆发，考察其对较大或较稳健的银行所产生的影响。该测试对"安全银行"给出了三种安全指数的测度方法：一是总资产，即假设存款者认为银行的安全是与银行规模挂钩的；二是总资产并考虑国有控股的溢价，即指考虑到政府的隐性或显性担保，存款者认为国有银行比私人银行要更安全；三是冲击前的评级，即银行安全与否与近来的财务状况直接相关。模板2对三种方法分别计算了各银行的安全指数，针对不同的安全指数分别给予不同的存款流失率和资产折算率，从而分析了五期传染后各银行和银行体系的流动性风险状况。此外，模板2还将政府违约对流动性风险的影响纳入考虑的范畴。

三、微观流动性风险压力测试的创新与完善

2008年国际金融危机爆发后，伴随着流动性风险受重视程度的不断提升，流动性风险压力测试的方法和手段也在不断完善。在巴塞尔Ⅲ新提出的两个流动性风险新指标中就隐含了压力测试的理论和思想。同时，伴随着金融创新工具的不断发展和金融关联性的不断提升，流动

性风险的传染渠道不断复杂化，对于流动性风险度量和传染的模型也在不断创新和完善。

（一）巴塞尔Ⅲ中流动性新指标与压力测试的内在一致性

在 2008 年国际金融危机爆发后巴塞尔委员会推出的巴塞尔Ⅲ中，流动性覆盖率（Liquidity Coverage Ratio，LCR）和净稳定资金比例（Net Stable Funding Ratio，NSFR）这两个流动性新指标的设立构成了对资本监管框架的重要补充，分别针对银行短期和中长期的流动性风险状况作出了评估。其中流动性覆盖率旨在确保商业银行在设定的严重流动性压力情景下，能够保持充足的、无变现障碍的优质流动性资产，并通过变现这些资产来满足未来 30 日的流动性需求。净稳定资金比例旨在引导商业银行减少资金运用与资金来源的期限错配，增加长期稳定资金来源，满足各类表内外业务对稳定资金的需求。根据巴塞尔Ⅲ的要求，两指标都应当不低于100%。

事实上，巴塞尔Ⅲ提出的流动性风险指标与压力测试方法具有内在的逻辑一致性，或者说新指标正是从国外流动性风险管理经验中提炼而来，其中流动性覆盖率指标建立在传统的"覆盖率"方法上，净稳定资金比例就是建立在传统的"净流动资产"和"现金资本"方法之上。在计算流动性覆盖率和净稳定资金比例的过程中，需要对两指标组成部分的折扣率和流入、流失系数等指标进行假设，而当把这些参数放在压力测试假定的特定压力情景中考虑时，所得到的结论正是欧美等国微观机构的流动性压力测试的结果。

从压力情景的设定情况来看，无论是流动性覆盖率还是净稳定资金比例都是基于压力情景展开的。其中流动性覆盖率监管标准所设定的压力情景包含了非系统性的特定冲击以及影响整个市场的冲击，压力情景将导致一系列对流动性风险有影响的事件的发生，并体现为计算流动性覆盖率时对各类流动性资产及现金流入、流出项给予不同的折算率。而净稳定资金比例的设定也是基于压力情景展开的，规定的压力情景包括信用评级下降、声誉影响等。

从流动性覆盖率指标来看，不同压力情景对应的折算率、流入率和流失率正是对应着压力测试中的参数设定。流动性覆盖率的指标计算公式为流动性覆盖率＝优质流动性资产储备/未来30日现金净流出量×100%，其中优质流动性资产储备是指在无损失或极小损失的情况下可以快速变现的资产。未来30日现金净流出量是指在设定的压力情景下，未来30日的预期现金流出总量减去预期现金流入总量。分子中优质流动性资产储备中资产的折算率就体现了压力情景下流动性资产的变现障碍。从分母来看，未来30日内的净现金流出 ＝ 现金流出量－min｛现金流入量，现金流出量的75%｝，未来30日现金流出＝∑各类负债金额×流失率＋∑表外承诺等或有项目余额×流失率，未来30日现金流入＝∑除优质流动性资产外的各类资产金额×流入率＋∑表外或有资金余额×流入率。现金流出量计算中各类负债对应的流入率和现金流出量计算中除优质流动性资产外各类资产对应的流失率都是当前巴塞尔委员会或各国监管者对压力情景下未来30日内现金流入流出状况的估计。

从净稳定资金比例来看，压力测试与净稳定资金比例的关系更多体现在压力测试的第二轮冲击效应和央行的介入中。净稳定资金比例的计算公式为净稳定资金比例＝可用的稳定资金/所需的稳定资金×100%。其中可用的稳定资金是指在持续压力情景下，能确保在1年内都可作为稳定资金来源的权益类和负债类资金，等于银行各类权益和负债账面价值与该类可用稳定资金系数的加权和。所需的稳定资金等于商业银行各类资产或表外风险暴露项目与相应的稳定资金需求系数乘积之和，稳定资金需求系数是指各类资产或表外风险暴露项目需要由稳定资金支持的价值占比。在流动性的第一轮冲击中，或者说仅有单家银行受到流动性风险影响时，对于可用稳定资金的ASF系数和所需稳定资金的RSF系数并没有本质的影响。然而考虑银行对第一轮冲击的反应中，就会面临 ASF 系数和 RSF 系数的变化，在银行抛售资产的情况下就可能面临可用稳定资金 ASF 系数的下降和所需稳定资金 RSF 系数的上升。

（二）"自下而上"压力测试模型的改进和完善

在这些一般流程和方法的基础上，学者和业界也对一般的"自下而上"方法进行了创新和补充。香港金管局的 Wong 和 Hui（2009）开发了一个流动性压力测试框架，通过引入传染违约风险，形成了对自下而上方法的有力补充。分析了以一年时间为期限，外部金融市场资产价格的冲击可能影响流动性风险的如下三种渠道：第一，银行逐日盯市的资产损失带来的违约风险的上升和存款流失的可能。第二，资产价格的下跌导致银行通过出售资产获得流动性的能力不断下降。第三，银行仍旧将面临较高的或有流动性风险，例如压力条件下不可撤销承诺撤回的可能性增加。该框架运用蒙特卡罗方法生成了资产冲击的压力情景后，运用一系列模型反映了流动性风险的变化和冲击产生的影响，并给出了面对这些市场风险的冲击，资产负债表、现金流量、违约风险和流动性风险的变化情况。具体来说，针对上述三个影响渠道，分别构建了市场风险、违约风险和流动性风险模型，构成了该压力测试的整体框架。市场风险模型是针对第一渠道构建的，考虑到各类资产价格受影响的方式不同，这里将资产进行了简单的分类，包括银行间资产、客户贷款、金融投资和其他资产四大部分，其中金融投资类资产由于其资产价格影响方式的不同又被细化为四小类，分别对其受冲击后的资产价格进行了估计。在违约风险模型中，考虑市场风险模型估计出的资产价格下跌与违约率的关系，运用类蒙特卡罗方法将市场风险和违约风险联系起来。最后，在流动性风险模型中，通过计量经济学模型对违约风险和存款流失率的相关关系进行了估计，构建了流动性风险指数。该模型被用于香港银行的流动性风险压力测试实践，实证分析中也验证了在压力条件下紧缩货币政策对银行流动性风险的放大效用。

四、宏观流动性风险压力测试

上述的流动性风险模型都是基于银行微观机构展开的，而且各银行之间流动性风险的相互影响以及风险传染和反馈却很少考虑。危机爆发后各国纷纷展开了关于流动性风险压力测试"自上而下"模型的理论和实证研究，试图从宏观审慎的视角考察系统的流动性风险。其中，以 End 和 Willem（2008，2010）构建的"自上而下"模型最具代表性，该模型考虑了两轮冲击效应及银行声誉对系统流动性的影响。在2008 年的研究中承压变量选择的是流动性缓冲，而在 2010 年的模型中，End 和 Willem 将流动性缓冲及其阈值更换成为巴塞尔Ⅲ提出的LCR 和 NSFR 指标，阈值也相应调整为监管标准100%，并根据荷兰银行业的数据对模型进行了检验。该方法也被捷克和卢森堡的银行用于本国的研究。由于模型的构造基本相同，下面将以 2010 年的研究为例说明。

End 和 Willem（2010）的模型中，分别考虑了四个 LCR 值，分别是第一轮冲击后的银行流动性（LCR1），银行实施风险缓释后的流动性（LCR2）、第二轮反馈效应后的流动性（LCR3）和央行反馈后的流动性（LCR4），每一阶段模型都将考虑各银行 LCR 的分布和风险价值，压力测试的时间区间为一个月，与巴塞尔委员会规定的 LCR 的关注期限相同。

初始时刻，LCR0 和 NSFR0 都是基于资产负债表和现金流量表等财务数据直接得出的。第一轮的压力情景是通过对市场风险和流动性风险事件的蒙特卡罗模拟得出的，该压力情景对样本中的每个银行都将产生程度均等的冲击。在第一轮冲击中的中间变量是在计算 LCR 指标时的相关参数，主要包括流动性资产的折扣率和流入率以及流动性负债的流出率。基于这些参数在压力情景下的变化，得出第一轮冲击后的流动性度量，即为 LCR1，此时各银行的 NSFR 并未发生改变。

第二阶段度量的是银行对第一轮冲击的反应。如果 LCR1 低于事先设定的阈值或监管标准 100%，则银行会试图将该指标恢复到初始值，即 LCR0。这里我们将仅考虑内部缓释的方法，如缩短资产的到期期限、延长负债的到期期限、增加流动性较强的资产配置等，经过调整后可以得到风险缓释后的银行流动性，即 LCR2 和 NSFR2。该阶段的模型拟合不仅要基于第一阶段计算出的流动性需求，还要在不同的风险缓释行为中进行选择和调整。经过该阶段的风险缓释后，LCR2 > LCR1 且 NSFR2 > NSFR1。

第三阶段关注的是冲击的第二轮反馈效应，这里既包括市场层面的影响也包括银行单体所面临的声誉影响。市场层面的影响主要是由于第二轮银行的风险缓释作用所导致的，当多个银行同时进行风险缓释、所选择的策略类似或反应银行的规模较大时，都会对整个市场的流动性产生影响，特别是流动性较差的资产变现能力和外部融资渠道将受到较大的影响。而银行单体在此轮中主要考虑的就是由于其进行风险缓释为市场带来的负面信号导致其面临的声誉风险。LCR3 即为第二轮反馈效应后的流动性风险状况，此时 NSFR3 仍旧未发生变化。

第四阶段是围绕央行的介入展开的，也可以看作第二轮反馈效应中政府对市场流动性的一种调节，主要包括政府购买资产和再融资等行为，其中对资产价格的调整是通过设定最低价格实现的。央行的介入将在一定程度上提升第二轮反馈效应中的流动性，最后的结果用 LCR4 来表示，此时的 NSFR 也将随之发生变化。

该模型通过四个阶段的构造，把握了流动性风险从微观机构到宏观层面的传染和反馈过程，不仅考虑了单家机构面临的流动性风险及其声誉风险的反馈，还考虑了若干机构同时面临冲击时对市场流动性带来的影响以及由此引发的央行的介入可能对市场流动性产生的缓释作用，拟合了流动性风险的全过程。但是该模型也存在对于压力情景没有准确地描述，仅仅是基于 LCR 参数的蒙特卡罗模拟构建压力因素的缺陷，同时对于风险缓释的行为选择也具有较大的随机性。

国际货币基金组织（IMF，2012）构建了一个包含三大模块的系统流动性风险压力测试框架。第一模块是基于隐含现金流方法的融资流动性风险压力测试，主要包括两个部分：一是模拟银行层面的压力情景，如流动性资产甩卖和央行存款准备的变化；二是常见的流动性缺口分析，分析不同压力假设下资产和负债的匹配情况，这里可以使用巴塞尔Ⅲ提出的流动性指标。第二模块是基于现金流的流动性风险压力测试。这里基于合同现金流的细节数据和银行融资计划的行为数据。第三模块是建立清偿性风险和流动性风险的关联。一是考虑由于清偿性风险，如银行信用评级调整可能带来的融资成本的变化；二是考虑由于资本化程度对融资市场产生的影响；三是考虑融资集中度和相关危机对银行流动性的影响。不难发现相比较前述流动性风险压力测试模型来说，该框架的创新点在于第三模块，然而目前 IMF 还并未就该模块的构建提出具体的设想。

从实践应用的角度来看，考虑到从宏观视角来说系统性风险与系统性的流动性风险并无本质上的区别，因此许多国家监管当局的系统性风险预警或度量系统也被看作具有系统流动性风险压力测试的功能。目前较为成熟的系统性风险预警系统主要包括奥地利央行的系统性风险监测系统（Systemic Risk Monitor，SRM）、墨西哥央行开发的系统性风险系统和荷兰央行的系统性风险系统，这三个预警系统都是基于网络模型的方法考察风险在不同机构和行业之间的流动，所不同的是关注的行业重点和基础数据有所不同。而在目前流动性风险压力测试的预警体系中被认为最完备的是英格兰银行开发的系统性机构风险评估系统（Risk Assessment Model for Systemic Institutions，RAMSI），与前述三个系统有所不同，该系统不仅度量了整体的流动性风险，还引入了整体流动性风险的反馈环，并拟将压力时期交易对手的信用损失和资产市场价值减少等因素考虑其中。

五、开展流动性风险压力测试的政策建议

银监会已经于 2009 年 10 月 29 日颁布了《商业银行流动性风险管理指引》，指引明确规定商业银行每季度至少应执行一次常规的流动性压力测试。在 2011 年 10 月公布的《商业银行流动性风险管理办法（试行）》征求意见稿中，再次强调了压力测试在流动性风险管理中的重要地位。

在 2009 年启动的金融稳定评估规划（FSAP）项目中，监管当局在国际监管组织的指导下对流动性风险进行了简单的敏感性分析。在国际货币基金组织（IMF）于 2011 年 11 月发布的中国金融稳定评估报告中，公布了根据 2009 年底的数据对中国主要商业银行（5 家国有商业银行和 12 家股份制银行）进行流动性风险压力测试敏感性分析的测算结果。在 FSAP 工作组展开的流动性风险压力测试中，考虑了两轮流动性冲击。首先，将债券价格下跌、存款流失、银行间市场流动性紧缩、存款准备金上升作为敏感性分析的压力冲击，结果显示在第一轮不考虑银行抛售债券的情况下，压力冲击的影响显著，在 7 天期限内 17 家主要商业银行中 6 家银行存在负的现金流缺口。然而，如考虑在银行低价出售资产的基础上进行第二轮冲击，压力测试的结果表明在 30 天期限内除一家银行外其他银行的现金流缺口均为正。

目前，中国主要商业银行已经能够按照《商业银行流动性风险管理指引》的相关要求，按季度进行流动性风险压力测试，并形成相关报告提交管理层和董事会。然而目前中国银行业对流动性风险的关注主要还集中在巴塞尔 Ⅲ 的两个新指标上，对于流动性风险压力测试也仅限于该指引的要求，情景设计较为简单，方法主要采用现金流缺口分析法，压力测试结果对经营和资产配置的指导作用也有待提高。

第一，数据基础有待加强。我国银行业在进行一般风险压力测试的过程中就面临着数据基础不足和未经历完整经济周期的问题，而这一

缺陷在流动性风险压力测试中就表现得更为明显。流动性由于其定义的复杂性及其与期限密切相关的性质，导致在实现其度量中对业务本身的细节数据要求极为苛刻。同时，对未来流动性风险的预测还与交易对手的行为密切相关，这就要求我们对交易对手及其关联度有着准确的信息。目前的流动性风险判断只能基于历史数据进行粗旷式的预测，而对于未经历过完整经济周期的中国银行业来说，历史数据并不能真正反映压力下的真实情况。此外，我们不仅要关注资产负债表和现金流量表的表内财务数据，对于表外的或有流动性风险也应给予足够的重视，这就对表外的数据积累也有了更高的要求。

第二，关注流动性风险来源和表现形式的转变对压力测试的影响。从国际银行业流动性风险的演变趋势来看，流动性危机已经由单纯的融资来源枯竭，转变为批发融资带来的风险传染以及各风险之间的相互转化。体现在流动性风险压力测试中，不仅表现为压力情景构造的选择上，也表现在流动性风险分析的模型中。在压力情景的选择上，我们不仅要考虑目前常见的流动性风险来源，还要充分考虑由于操作风险、政治风险甚至是看似与我们相当遥远的风险，将前瞻性的判断代入压力测试的情景设计。同时，在流动性压力测试的分析中，目前常常假设信用风险或利率风险不变，正如我们在做信用风险和利率风险的压力测试时，也会将流动性风险的状况不变作为前提假设。然而在银行业的经营实践中，往往面临的情况是各种风险相互影响，这就要求我们加入多层反馈效应，将信用风险和操作风险等都纳入流动性风险压力测试的关注范围，但同时也应注意模型的实用性。

第三，注意压力测试结果的纵向和横向比较。压力测试度量的是压力情景下的银行流动性风险，对于单家银行来说，可能是从未遇到过的压力情景，此时即使与历史上最严重的流动性风险也无法比较。那么如何能够检验模型的准确性和可信度，就要实施开展纵向和横向比较。纵向比较是指在银行内部，可以通过相同压力测试模型在不同压力程度下的结果进行比较，也可以构建不同压力测试模型在相同压力程度下进行比较，还可以通过巴塞尔Ⅲ的两个新指标与一般压力测试结果进行比较和互相验证。横向比较是指在银行之间，通过设定统一的压力情景，比较不同银行的压力测试结果。通过这种比较和相互验证，有助于提高压力测试结果的可信度，也能更好地体会压力测试的结果所蕴含的意义。

第四，应将压力测试的结果充分反映到银行的经营决策中。压力测试最终是为银行风险管理和经营决策服务的。对于压力测试结果的充分运用，不仅要设定合理的压力测试情景、提高压力测试模型的可靠性、强化压力测试模型结果的可解释性，还要求管理层对压力测试的充分重视，根据流动性风险压力测试的结果进行适当的资产配置和融资安排，使压力测试的结果充分反映到银行日常的经营决策中，切实成为银行流动性风险管理的重要工具。

第四章　从流动性传导视角看货币政策与金融监管的协调①

近年来，我国金融体系呈现出宏观流动性与微观流动性不协调局面，在宽松货币政策背景下的宏观流动性渐创新高，而银行等金融机构的微观流动性则频现"钱荒"的现象，货币政策的有效性有所减弱，金融体系为实体经济服务的动力不足。与此同时，2008年国际金融危机爆发之后，国际金融监管组织制定了以巴塞尔Ⅲ为代表的更加严苛的金融监管标准，将流动性监管正式纳入监管体系，与资本监管成为平行的双重约束。中国作为二十国集团之一，也理所当然地加入了国际监管标准实施的行列，银保监会已逐步实施新的流动性监管标准，而人民银行也提出了宏观审慎评估，将表外理财纳入广义信贷口径，大大提高了金融机构的流动性要求。也正是在金融监管不断趋严的背景下，正规金融体系之外的影子银行体系呈现井喷的态势，加剧了资金在金融体系的空转，在创造利润、促进经济繁荣的同时也拓展了流动性创造的方式，改变了传统的货币需求函数，加大了货币流通速度的波动，影响了通过货币政策调节宏观流动性的有效性，使货币政策难以达到预期效果。基于此，我们将构建纳入影子银行体系后的新的流动性度量体系，首次从流动性传导视角，探究货币政策与金融监管的协调机制，并分析

---

① 本文与陈金鑫合作。

如何通过金融监管和货币政策的微调避免影子银行带来的影响。

本章主要分为六个部分，第一部分为文献综述，主要在说明宏观流动性与货币政策，以及微观流动性与金融监管关系的基础上，讨论货币政策与金融监管的协调；第二部分主要对各层级流动性的内涵和指标的选择及构建进行了说明；第三部分构建了各层级流动性传导的理论框架，在分析不同层级流动性间的相互影响及货币传导机制的基础上，进一步纳入了新的监管要求及影子银行体系的考量；第四部分进行研究样本、理论模型的设计及模型变量定义；第五部分建立实证模型，通过面板向量自回归模型对不同层次流动性间的相互影响，验证纳入影子银行体系后的流动性度量体系有效性；第六部分进行总结并提出相应的政策建议。

一、文献综述

古典经济学派认为，货币是中性的，通过"古典两分法"可以将实物和货币分为互不相关的两部分，后续的货币主义学派和理性预期学派则进一步论证货币政策的长期效果将最终表现在价格水平上，并且无法作用于实体经济（瓦什，1998；曼昆，2003；Walsh，2003）。凯恩斯主义学派和后凯恩斯主义学派则认为货币是非中性的，由于存在工资黏性和价格黏性，在市场未达到潜在产出的前提下，政府的货币政策是可行的，可以通过经济变量影响需求从而影响总产出水平。在货币政策长期实践中，货币政策目标传统的四方面目标即经济增长、物价稳定、充分就业、国际收支平衡，逐步演变出单一目标理论（范从来，2010）、双目标理论（Saporta，2009）以及多重目标论（FredericS. Mishkin，2009），其中多重目标论就指的是传统四个方面的目标，而20世纪80年代初期出现的经济滞涨现象使各国政府开始反思货币政策多目标的局限性，并逐渐由多目标转向稳定物价为核心的单目标或者稳定物价的同时保持经济增长的双目标上，目前我国央行主张的是双目标货币政策论。

　　然而，经济学界对 2008 年国际金融危机的反思认为，长期低利率的货币政策是造成此次金融危机的重要原因之一。长期的低利率使市场上流通的货币供给量超过需求，造成通货膨胀，使得过多的流动性流入房地产和股市等高收益资产中，同时较多的货币追逐较少的商品，形成了资产价格泡沫，在危机时扩大了风险传播的程度及范围（马宇，2011）。因此，金融危机后，对于是否应将金融稳定纳入货币政策目标，学者们展开了激烈的争论。持反对意见中最为著名的就是"杰克逊霍尔共识"，主要认为由于全球央行的货币政策目标基本立足于稳定物价、促进经济增长，因此只有当金融稳定的风险可能会对通货膨胀及 GDP 预期造成影响时，才应该为央行的决策者所考虑。而 Schioppa（2002）认为金融稳定与货币政策目标具有一致性，Woodford（2012）认为随着金融市场的迅速发展，货币政策与通货膨胀之间的传导机制发生改变，而为了修正不完善信贷市场对金融市场造成的扭曲，应该将金融稳定纳入货币政策目标中。关于金融稳定和货币政策关系的讨论，大多限于两者目标是否一致的理论探讨，我们认为，金融稳定的本质是微观流动性充裕，货币政策的本质则是对宏观流动性的调整，所以，从流动性传导的视角对货币政策和金融监管的协调性进行研究，具有一定的理论依据和现实意义。

　　关于货币政策与流动性的研究主要是从货币总量的视角展开的，各国央行主要通过流动性工具管理常规银行准备金头寸的方式来调控货币总量，常用的货币政策工具有三类即存款准备金、公开市场操作及再贴现。Richard T. Froyen（1983）的研究指出在短期内，存款准备金率的改变会引起货币存量的同向变化，同时影响货币的预期价值；Axilrod（1997）研究指出对于发展中国家而言公开市场操作工具对于控制货币总量的效果最为显著，杨立勋（2012）对我国三大货币政策工具作用协调性进行了实证研究，认为应在重点完善公开市场业务操作的基础上，充分协调使用各种工具；李宏瑾（2010）研究表明国债利率与主要货币市场率变动之间在长期稳定的关系，因此建议使用国债利率作为基准对宏观经济进行调控。

关于金融稳定与流动性关系的研究主要包含以下两个方面：一是单家金融机构与微观流动性风险的关系；二是金融体系稳定与系统流动性风险的关系。金融机构的流动性风险对于金融体系的稳定具有重要意义（Wagner，2007）。一方面微观流动性和宏观流动性之间的背离增大了潜在的系统流动性风险（彭兴韵，2007），在信贷紧缩期，单个银行风险加大使得惜贷情绪上升，银行超额存款准备金上升，微观流动性充裕，但此种情况下可能呈现宏观流动性不足的状况；另一方面单个银行的流动性风险会通过溢出效应引发风险的传染，同时由于银行资产的可出售性（王之华，2000），使得银行间资产分散化，虽然会降低单个银行的风险，但会使得银行大量持有流动性差的资产，潜在的系统流动性风险加大（王立，2003），加大了金融体系的脆弱性，威胁了金融体系的稳定。

目前国内外对于货币政策与金融监管协调性的研究基本聚焦于资本充足性监管对信贷影响的研究。Blum（1996）在对美、日、韩三国进行实证研究后得出，银行在受到资本约束的条件下会减少信贷供给，其资本水平会影响贷款增长，从而对经济产生负面影响。Bassett（2003）研究指出《巴塞尔协议Ⅱ》强化了资本约束对于银行信贷供给的影响，流动性监管约束下经济上涨或衰退时会扩大信贷扩张或收缩的波动性；戴金平和刘斌（2008）认为在我国，央行或政府提高资本充足率的要求会使得银行在短期出现信贷收缩现象，影响微观流动性的同时会对货币政策传导及经济稳定产生负面影响。由于流动性风险正式纳入监管体系的时间不长，从流动性的视角考察货币政策和金融稳定协调的文章还并多见。此外，作为金融创新代表的影子银行体系拓展了流动性创造的方式（易宪容和王国刚，2009），加大了货币流通速度的波动，干扰了货币政策传导机制（汤克明，2013），影响了通过货币政策调节宏观流动性的有效性。这也为我们将影子银行引入，从更广泛的流动性视角探究货币政策与金融监管的关系提供了依据。

二、各层级流动性的内涵和指标选择

流动性（Liquidity）这一概念最早由 John Maynard Keynes（1936）在《就业、利息和货币通论》中提出。在流动性的相关研究中，多根据内涵的不同对流动性进行层次划分。Baks 和 Karmer（1999）将流动性划分为两大类即货币流动性和市场流动性进行考量。Philip Strahan（2008）进一步将流动性分为三个层次，彭兴韵（2007）、北京大学中国经济研究中心宏观组（2008）、韩剑（2009）、封丹华（2009）、王晓枫、韩雪和王秉阳（2012）、周恩源（2012）以及王秋红（2012）均根据不同主体将流动性分为三个层次：货币流动性、市场流动性及银行流动性，分别从宏观、中观及微观三个角度进行分析，目前国内学者大多数倾向于这种划分。

（一）微观流动性

微观流动性一般是指单个经济主体（如个人、家庭、企业等）所持资产组合的流动性（谌帅宇，2012）或某一项资产流动性的总体状况（吴念鲁和杨海平，2016），描述的是投资的时间尺度即变现难易程度和价格尺度之间的关系（宋平，2011），是货币流动性和金融机构流动性在金融市场上的最终体现（王晓枫、韩雪和王秉阳，2012）。考虑到我国金融体系以间接融资为主，商业银行占据绝对的主导地位，因此本文将微观流动性定义为单家商业银行的流动性。

度量商业银行流动性的传统指标主要包括存贷比、流动性比率以及银行超额准备金率等指标（Saxegaard. M.，2006；巴曙松，2007；赵海华，2012；江玲燕，2013）。存贷比作为最基本、使用最为普遍的流动性度量指标，虽然易于计算但只能反映存贷款数量上的关系，而忽略了其期限及结构的信息，与流动性比率相同，两种指标都没有考虑随着金融市场的发展，银行融资渠道的扩展可能通过其他渠道满足流动性需求，这就降低了指标衡量的准确性（余永华，2012）。超额准备金率也是一种被广泛认可的流动性度量指标，通常认为当银行流动性充足时会表现为现金及准备金较多，超额准备金上升，但是存款的有限派生会使得超额准备金率在短期出现过度调整即超调情况（林峰，2011）。

2010 年巴塞尔Ⅲ在全球范围内建立了统一的流动性风险度量指标，将流动性覆盖率（LCR）和净稳定资金比率（NSFR）两个流动性监管指标纳入商业银行风险管理体系，提出了关于银行流动性监管的大方向，指标皆剔除了单个银行资产和负债规模的影响，便于银行在全球范围内与其他银行进行横向与纵向对比，清晰把握自身流动性风险状况。相比传统的流动性指标，流动性覆盖率和净稳定资金比例更细致、全面和敏感，能够更充分地反映商业银行这个微观金融主体的流动性变化。由于 LCR 指标计算所需数据涉及很多银行内部信息，无法通过公开渠道获得，因而基于数据可得性，本章拟采用净稳定资金比率（NSFR）对单个银行的流动性进行衡量，作为微观流动性指标。

（二）中观流动性

中观流动性一般是指某个特定市场或地区的流动性（吴念鲁和杨海平，2016），与宏观流动性不同，中观流动性更侧重金融市场中资产变现能力（王晓晗，2014），考察主体通常为市场或机构，考虑到在我国受流动性影响最大的市场是银行业市场（秦洋和刘传哲，2009），结合本章的研究对象，本章将中观流动性定义为对银行间市场的流动性。对于银行间市场流动性的度量方法一般分为两类：一类是从紧度、深度、弹性、及时性及广度五个方面进行测度（Kyle，1985；Baker，1996；廖士光，2007）；另一类是从价格指标的角度来评估，崔婕（2014）通过构建 LIBOR - OIS 溢价指标对于同业隔夜拆借市场流动性风险进行了度量，中信证券研究部（2015）分别利用银行间同业拆借利率、SHIBOR 指标以及回购利率等价格指标，结合资金投放量来评估市场流动性。与第二种方法相比，第一种度量方法往往会忽视缺乏流动性的市场，考虑并不全面，因为往往需要考虑的就是类似于房地产市场等缺乏流动性的市场（江玲燕，2013）。

20 世纪 90 年代末以来，央行的回购操作逐渐成为实现货币政策预调、微调的常用工具之一（张雪莹，2014），回购利率在我国利率市场中有着重要地位，鲍瑜（2012）研究指出 7 日回购利率的变化对货币供应量具有显著的非线性影响，因此综合考虑数据的可得性和相关性，本书采用中国人民银行公布的 7 日回购利率指标来对银行间市场流动性进行衡量。

（三）宏观流动性

宏观流动性一般指经济体系中的全部金融资产总和（Amihua，2002），与货币当局发行货币相关，主要由央行决定，是流动性的源头（秦洋和刘传哲，2009），可直接理解为不同统计口径的货币信贷总量（周恩源，2012），从这个意义上讲宏观流动性也就是货币流动性，指央行向金融体系当中释放的货币量（韩雪，2012），由央行货币政策和金融中介流动性创造功能共同决定（吴念鲁和杨海平，2016）。

国内外学者对于宏观流动性的度量主要表现为对货币流动性的度量（Joachim Fels，2005；Thorsten Polleit，2005；北京大学中国经济研究中心宏观组，2008；封丹华，2009；赵海华，2012；王秋红，2012；谌帅宇，2012），目前货币流动性度量方法主要有超额货币增长率、马歇尔 K 值、价格缺口法、货币流动性比例法、债券息差法、货币过剩法等，可以进一步区分为三种类别，第一种是超额货币增长率，衡量在国际资本流动条件下，一国货币总量的相对变化情况；第二种是马歇尔 K 值和货币过剩法，通过相对比值衡量一国货币市场的失衡水平；第三种是价格缺口法、货币流动性比例法以及债券息差法，反映在非均衡的产品市场基础上，货币供给或需求可能存在的潜在压力。

上述方法都是从相对视角衡量货币的过剩率，而本书对于货币政策与流动性的研究主要从货币总量的视角展开的，衡量的是流动性的绝对量水平。因而本书采用中国人民银行公布社会融资规模（AFRE）作为宏观流动性衡量指标。社会融资规模（AFRE）是指一定时期内实体经济从金融体系获得的全部资金总额（中国人民银行调查统计司，2011 年），作为货币政策的中介目标，能够全面反映整个社会的流动性状况，同时其统计范畴的划归与规模调整有利于推进宏观审慎目标（尹继志，2011）。

从中国人民银行（2011）公布的口径看：

社会融资总量 ＝人民币各项贷款 ＋ 外币各项贷款 ＋ 委托贷款

$\qquad$ ＋ 代客理财及资金信托产品资金运用（贷款部分）

$\qquad$ ＋ 未贴现银行承兑汇票 ＋ 企业债券

$\qquad$ ＋ 非金融企业股票融资 ＋ 保险公司赔偿

$\qquad$ ＋ 保险公司投资性房地产

$\qquad$ ＋ 其他（包括小额信贷公司贷款、贷款公司贷款等）

近年来商业银行体系之外的影子银行发展迅猛，影子银行主要指游离于监管之外，但发挥着类似于商业银行的作用，在不同程度上替代商业银行核心功能的那些工具、结构、企业或市场（刘澜飚和宫跃欣，2012）。影子银行的存在虽然拓展了流动性创造的方式，但同时也存在难以克服的期限错配，容易导致流动性风险，在高杠杆率的作用下，在市场下行过程中将放大风险，对金融系统造成冲击甚至引发系统风险（何德旭和郑联盛，2009）。

影子银行与社会融资规模之间存在很大关联性（刘建平，2015），我国影子银行体系分为银行的影子银行业务和非银行金融机构的影子银行体系两部分，从定义来看，社会融资规模的界定范围比影子银行的界定范围更广。邓芳（2015）通过社会融资总量与银行本外币贷款、非金融企业境内股票融资与民间借贷的差额来度量影子银行的规模。

倪建卫（2014）指出由于影子银行还包括民间融资这一块，认为社会融资总量中的信贷近似等于存款性公司部门的信贷与影子银行规模之和，同时可以近似等于 M2 增量与影子银行规模之和。基于上述，由于影子银行缺乏权威定义而且统计口径不一致，为利于下文分析，本书在认定影子银行与社会融资规模存在相关性的基础上，将社会融资规模界定为本外币贷款总量和影子银行的总和，即社会融资规模 = 本外币贷款 + 影子银行。

三、各层级流动性传导的理论框架

本书从流动性传导视角构建了货币政策与金融监管协调性的分析框架（见图1），在货币非中性理论的基础上，考虑存在工资黏性和价格黏性，在市场未达到潜在产出的前提下，货币政策具有可行性，而宏观流动性指标作为衡量货币政策有效性的重要工具，央行可以根据货币政策目标选择货币政策工具作用于宏观流动性，并通过货币政策传导机制影响不同层级流动性。

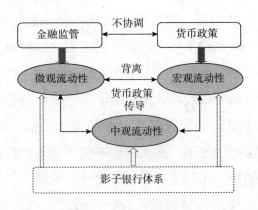

图1　货币政策与金融监管协调性的分析框架

（一）宽松货币政策的流动性传导

基于凯恩斯主义的有效需求理论，当社会总投资小于总储蓄时存在有效需求不足，此时生产要素大量闲置、产品积压，经济处于低增长，政府应采取宽松货币政策以促进经济增长，常用的宽松货币政策工具包括降低法定存款准备金率、在公开市场回购证券以及降低再贴现率等。

从调整法定存款准备金率的传导渠道来看，货币政策的流动性传导渠道将遵循该路径：货币政策工具调整→银行存款准备金变动→货币供应量→利率变动→银行资产价格→中观流动性→信用供给及产出变动→微观流动性。具体来看，当经济萧条时，央行将采取宽松的货币政策，降低法定存款准备金率，在存款不变的情况下，法定存款准备金减少，银行可用的资金增加，货币供应量增加，货币价格利率在供给增加的情况下将有所降低，货币供应量的增加和资金成本的降低将同时导致资产价格的上升，资产价格上升导致资产变现更加容易，增加了中观流动性，进一步降低了银行的资金成本。在资金成本下降、资产价格上升、可用资金增加的多重作用下，银行的微观流动性将有较大幅度的改善。此时，银行是否会在货币政策传导渠道中发挥应有的作用，提供较多的信贷供给，实现货币政策的最终目标，推动经济复苏呢？这一方面取决于货币政策的力度，即法定存款准备金率的下降对微观流动性的改善程度；另一方面取决于金融监管的压力，即微观流动性是否已改善至监管要求的水平，同时，还取决于实体经济的信贷需求。因此，即使采用了较为宽松的货币政策，但是由于当前资产价格泡沫较大，改善中观流动性状况不足以弥补微观流动性的减少，银行的流动性水平尚未恢复到监管所要求的水平，那么银行不仅不会提供信贷，相反还会产生进一步的惜贷情绪，不利于货币政策的有效传导。

从公开市场操作的传导渠道来看，货币政策的流动性传导渠道将遵循该路径：央行买入（卖出）有价证券→基础货币→货币供应量→利率变动→银行资产价格→中观流动性→信用供给及产出变动→微观流动性。具体来看，在宽松货币政策下，央行在公开市场买入有价证券，向市场投放基础货币，货币供应量上升。同时，央行买入有价证券使得证券需求上升、价格上涨，由于证券价格与利率之间呈现负相关，因而利率下降，同样在货币供应量增加和资金成本降低的基础上使得资产价格上升，中观流动性水平上升，最终改善银行的微观流动性。与调整存款准备金相比，公开市场操作更直接作用于中观流动性，从而对微观流动性产生影响。央行还可以通过调整再贴率来影响货币政策的流动性传导：再贴现率调整→筹资成本→银行超额准备金→货币供应量→短期利率变动→长期利率变动→银行资产价格→中观流动性→信用供给及产出变动→微观流动性。与调整存款准备金类似，公开市场操作和再贴现率的有效性取决于中观流动性上升的幅度是否足以弥补微观金融机构的流动性水平。

（二）紧缩货币政策的流动性传导

反观在经济过热、通货膨胀率过高时期，凯恩斯学派主张为了抑制通货膨胀，稳定经济发展，政府应进行主动的流动性管理，减少货币供应量，通过利率的上调抑制消费与投资，减少总产出，使物价水平控制在合理水平，称为紧缩性货币政策。常用的紧缩货币政策工具包括上调法定存款准备金率、在公开市场卖出证券以及上调再贴现率等。

从调整法定存款准备金率的传导渠道来看，紧缩货币政策对流动性传导渠道的影响具体表现为上调法定存款准备金率，银行在存款不变的情况下，法定存款准备金增加，贷款量下降，货币供应量减少，引起利率上升，资金成本上升，进一步导致资产价格下降，使得资产不易变现，降低了中观流动性，最终在资金成本上升、资产价格下降、可用资金减少影响下恶化银行的微观流动性。此时，存款准备金率的上调是否能使得过剩的流动性回调至监管所要求的水平呢？这取决于存款准备金制度的作用程度。法定存款准备金率的变动会直接作用于货币乘数，其与货币乘数呈负相关，当法定存款准备金率上调时，货币乘数下降，对货币供应量的改变起到放大作用，因此法定存款准备金率的轻微变动也可能导致中观流动性的巨大变动，若银根过于收紧，可能会引发周期性的"钱荒"现象。在货币市场的资金成本不断抬升的基础上，加之新监管指标的纳入以及规定的实施，特别是 MPA（宏观审慎评估体系）的正式考核，将表外理财纳入广义信贷，对银行资产负债表管理能力要求提高，加大了法定存款准备金率调整对于流动性传导机制的作用程度。

考虑公开市场操作的传导渠道，可以用 $\Delta M = -\Delta B$ 来表示，其中 ΔM 表示货币供应量的改变，而 $-\Delta B$ 表示有价证券的变动。具体来看，紧缩货币政策对流动性传导渠道的影响表现为：在紧缩货币政策下，央行在公开市场卖出有价证券，无论购买者是个人还是银行，最终都会作用于银行体系流动性，降低微观流动性。同时，央行卖出有价证券使得证券需求下降、价格降低，由于证券价格与利率之间呈现负相关，因而利率上升，使资金成本提高、资产价格下降，中观流动性水平恶化。公开市场业务的操作目标在于调整基础货币，主要是银行超额准备金水平。然而公开市场业务对流动性传导渠道的有效性是基于货币市场利率水平受到官方存、贷款利率限制前提下的，随着利率市场化改革的稳步推进，公开市场操作操作目标会有所调整。同时我国对于超额准备金率并未提出数量化监管目标，这就导致在信贷收缩期私人部门信贷需求不足，同时伴随银行信用风险上升，使银行体系的超额准备金大量增加，但此时银行更倾向于持有较为安全的准备金。在这种情况下，银行流动性增加的同时，整个社会的宏观流动性却下降了。加之面临新的更为严格的监管框架，银行惜贷情绪进一步上升，使宏观流动性与微观流动性之间的背离进一步扩大，冲击货币政策与金融监管的协调性。

同样在经济过热时，央行也可以通过调整再贴率来影响货币政策的流动性传导，具体表现为再贴现率上调会使银行筹资成本上升，从而使得银行的超额准备金下降，货币供应量减少，短期利率会上升，使长期利率也有所提高，同样作用到银行的资产价格使得中观流动性下降，最终在资金成本上升、资产价格下降、可用资金减少的多重作用下，恶化银行的微观流动性。再贴现率的调整对于货币政策流动性传导的有效性值得推敲，与其他两种货币工具不同，再贴现率的调整具有明显的告示效应，同时在传导过程中市场利率会随货币需求的变化波动，这就可能出现市场对政策错误解读的情况，如在利率快速上升时，央行为了防止再贴现规模过大，即便没有抽紧银根的意图，也会提高再贴现率，使市场错误解读为紧缩意图。但是金融监管带来的影响与扩张货币政策的情形可能并非完全相反。理论上而言，当央行再贴现率低于市场贴现率时，就可以从央行的再贴现窗口进行短期融资，但是银行是否会向央行进行融资，不仅基于银行自身需求，更取决于央行的政策限制。对于再贴现操作的一系列政策限制，使银行在进行再贴现时需要面对市场对其流动性状况的怀疑，尤其表现在新监管指标的纳入以及规定的实施上，银行存在指标压力并不会轻易进行再贴现操作。

（三）影子银行对流动性传导机制的扭曲

影子银行的存在成为正规金融体系的替代，在一定程度上造成了微观流动性和宏观流动性的背离，其繁荣程度与正规金融体系的流动性此消彼长。分别考察我国影子银行体系的两种形式，即银行的影子银行业务及非银行金融机构的影子银行业务。其中，银行的影子银行业务的流动性创造主要体现为银行设计理财产品筹措资金并投向债券、票据、信托等产品，券商或信托公司等客体再将获得资金存入托管银行，使得银行可贷资金上升，存贷比提高，产生派生存款，变相代替正规金融体系进行了流动性创造，但这种扩张与繁荣是以干扰常规银行体系流动性创造及增加经济体系脆弱性为代价的。再考虑非银行金融机构影子银行业务的流动性创造方式，其中最具代表性的就是资产证券化业务，其流动性创造方式可以简单理解为发起方首先选择基础资产出售给 SPV，SPV 获得资金或批发性贷款，在进行证券化产品设计和信用增级后出售给投资者从而再次获得收益和融资资金，投入新一轮的影子银行活动，这个过程理论上可以一直循环下去，类似于正规银行的货币派生行为，在乘数效应的作用下，影子银行变相进行流动性创造，而这些流动性偏离于金融监管之外，降低了货币政策调控流动性的有效性。

影子银行拉长了流动性传导渠道的链条，加大了流动性传导的时效性，使得货币政策传导渠道的作用产生偏差，具体表现为影子银行对信贷传导渠道货币创造的冲抵影响，央行目标调整的货币量由于被影子银行冲抵，实质上并未起作用。如实施紧缩性货币政策时，市场资金短缺而影子银行体系则向市场投放大量流动性，变相增加货币供应量，反映到微观流动性和中观流动性层面，使得货币政策工具调控偏离目标，最终作用于宏观流动性层面，冲抵货币政策调节宏观流动性的有效性。我国影子银行基本依附于商业银行存在，商业银行通过影子银行业务成功将信贷扩张的冲击从表内转移到表外，然而新监管指标的纳入以及规定的实施，特别是 MPA（宏观审慎评估体系）将表外理财纳入广义信贷进行监管，该举措会加大银行流动性管理压力，影响银行流动性管理方式的选择。

四、研究设计

（一）研究样本

根据前文分析，本书分别选取我国 16 家上市银行净稳定资金比率（NSFR）、7 日回购利率及包含影子银行体系在内的社会融资规模数据作为衡量我国微观、中观及宏观流动性的指标。其中回购利率数据及社会融资规模数据大部分来源于 Wind 数据库，少数缺失由 Bankscope 数据库及 16 家上市银行的年报数据补充。

因银行净稳定资金比率（NSFR）指标无法通过公开的信息渠道获得，故需对其进行测算，本书采用 IMF（2011）中提到的方法，对我国16 家上市银行资产负债表项目设置相应的风险权重（见表 1），并对这16 家上市银行 2006—2015 年的净稳定资金比率（NSFR）数据进行了测算，测算结果见表2。

表1　　　　　　　NSFR 测算中使用的科目及其转换系数

可用的稳定资金	ASF 系数	所需的稳定资金	RSF 系数
普通股	100%	现金	0
二级资本	100%	零售客户贷款	75%
活期存款	80%	公司贷款	85%
定期存款	85%	金融机构贷款	0
金融机构存款	0	其他商业和零售贷款	85%
其他存款和短期借款	0	其他贷款	100%
衍生品负债	0	衍生品资产	90%
交易性负债	0	交易性证券	15%
一年后到期的优先债	100%	可供出售证券	15%
其他长期融资	100%	持有至到期证券	100%
其他无息负债	0	股权投资	100%
其他储备	100%	其他收益性资产	100%
		保险资产	100%
		剩余资产	100%
		不良贷款准备金	100%
		应急资金	5%

表2　　　　　　我国16家上市银行2006—2015年NSFR测算值

银行	2006年	2007年	2008年	2009年	2010年	2011年	2012年	2013年	2014年	2015年
中国银行	147.34%	144.97%	149.88%	134.91%	137.96%	130.91%	123.73%	125.67%	136.92%	147.50%
农业银行	163.24%	184.85%	173.08%	171.45%	172.96%	144.67%	148.43%	147.23%	163.24%	184.04%
工商银行	169.90%	161.33%	166.83%	167.82%	168.68%	141.90%	142.03%	141.12%	157.45%	199.38%
建设银行	170.82%	164.54%	170.82%	170.62%	171.06%	144.74%	168.10%	144.32%	163.13%	155.24%
招商银行	170.72%	159.69%	168.14%	165.44%	167.21%	148.32%	147.50%	139.06%	158.26%	145.92%
平安银行	178.62%	168.20%	170.86%	164.90%	167.02%	127.82%	135.82%	132.75%	155.75%	150.87%
交通银行	166.29%	160.87%	158.33%	160.66%	161.50%	142.25%	141.24%	140.54%	153.96%	168.24%
兴业银行	152.31%	140.00%	156.64%	166.39%	156.51%	137.87%	135.45%	132.07%	147.16%	151.27%
浦发银行	175.68%	166.13%	152.80%	164.01%	149.50%	144.88%	139.78%	133.01%	153.22%	170.30%
光大银行	176.56%	159.52%	158.96%	150.80%	147.43%	144.45%	132.73%	135.16%	150.70%	181.93%
中信银行	178.54%	162.84%	159.25%	165.91%	171.29%	145.07%	145.52%	141.11%	158.69%	160.24%
民生银行	158.89%	173.12%	174.14%	174.47%	173.37%	149.09%	141.03%	141.23%	160.67%	158.33%

续表

银行	2006 年	2007 年	2008 年	2009 年	2010 年	2011 年	2012 年	2013 年	2014 年	2015 年
宁波银行	173.40%	162.31%	160.99%	142.63%	120.20%	142.26%	124.36%	117.62%	142.97%	176.60%
北京银行	162.84%	165.91%	161.09%	168.66%	164.65%	138.34%	135.20%	135.61%	154.04%	170.58%
华夏银行	180.63%	173.78%	163.32%	166.28%	170.48%	145.24%	144.31%	141.05%	160.64%	184.91%
南京银行	140.00%	139.53%	143.16%	147.05%	129.65%	122.85%	123.08%	119.53%	133.11%	159.64%

(二) 模型设计与变量定义

常见的用于衡量变量相互影响的模型主要包括回归分析模型和传统的 VaR 模型，其中回归分析模型在分析多变量影响时简单方便，但模型结构过于简单，有时对于因子和表达式选择需要进行事先假设，缺乏准确性 (高辉, 2012)；而传统的 VaR 模型不以金融经济理论为基础，因而可以在很大限度上去增减解释变量 (王晓明, 2012)，可以有效体现各变量间的相互影响，与普通回归分析模型相比，VaR 模型在将某个变量作为内生变量时无须进行事先的预测 (何源, 2014)，但对于数据较少的面板数据无法使用普通 VaR 模型进行估计 (张明, 2016)。

Panel – VaR 模型是基于面板数据的向量自回归方法，同时适用于动态面板数据估计的一般动态矩 GMM 方法 (Arellano Bond, 1991；李一石, 2015；杨柳, 2016)。Panel – VaR 模型考虑了 GMM 估计方法同时综合了传统 VaR 模型的特点，在估计各变量间内生关系的基础上，加入了模型中的脉冲响应函数和方差分解对面板数据进行系统动态性分析，这样就有效解决了传统 VaR 模型无法对时间跨度较短的面板数据进行向量自回归分析的难题。为了克服数据时间跨度较短这一缺点，本章在进行向量自回归分析时使用了 Panel – VaR 模型 (Sims, 1980；Holtz – Eakin, 1988；Inessa Love, 2006)。

考虑两个变量组成的传统 VaR (1) 模型：

$$X_t = C_1 - A_{12}Y_t + B_{11}X_{t-1} + B_{12}Y_{t-1} + \varepsilon_{xt} \tag{1}$$

$$Y_t = C_2 - A_{21}X_t + B_{21}X_{t-1} + B_{22}Y_{t-1} + \varepsilon_{Yt} \qquad (2)$$

其中，ε_{xt}、ε_{Yt} 是互不相关的白噪声，上两式可以进一步写为

$$\begin{pmatrix} 1 & A_{12} \\ A_{21} & 1 \end{pmatrix} \begin{pmatrix} X_t \\ Y_t \end{pmatrix} = \begin{pmatrix} C_1 \\ C_2 \end{pmatrix} + \begin{pmatrix} B_{11} & B_{12} \\ B_{21} & B_{22} \end{pmatrix} \begin{pmatrix} X_{t-1} \\ Y_{t-1} \end{pmatrix} + \begin{pmatrix} \varepsilon_{xt} \\ \varepsilon_{Yt} \end{pmatrix}$$

即 $AZ_t = C_0 + B_t Z_{t-1} + \varepsilon_t$ 两边同时乘以 A^{-1} 为

$$\text{VaR：} Z_t = \Gamma_0 + \Gamma_1 Z_{t-1} + e_t$$

其中，$\Gamma_0 = A^{-1}C_0, \Gamma_1 = A^{-1}B_1, e_t = A^{-1}\varepsilon_t$ ，应满足

$$E(e_t) = 0 \qquad E(e_t e'_t) = \Omega \qquad E(e_t e_{t-k}') = 0$$

将 VaR（1）模型推广到 p 阶，则可得到 Panel – VaR 模型，该模型的具体形式为

$$y_{i,t} = \Gamma_1 y_{i,t-1} + \Gamma_2 y_{i,t-2} + \cdots + \Gamma_p y_{i,t-p} + e_{i,t}$$

其中，$y_{i,t} = (LIQ_{it}, Rate_{it}, GM_{it})'$ 是一个 3×1 的向量，Γ_p 是一个 3×3 的系数矩阵，代表各变量滞后 p 期的值对当期各变量的影响，p 为滞后阶数。模型中涉及的主要变量定义如下：因变量为 LIQ、Rate、GM，其分别表示微观流动性、中观流动性及宏观流动性的当期指标；自变量为微观流动性、中观流动性及宏观流动性滞后 p 阶指标。

五、实证结果及分析

基于上述模型和数据，本书采用 Stata 13.1MP 软件对数据进行处理：

（一）平稳性检验

为了防止伪回归，在进行 Panel – VaR 模型回归分析前，需要对数据进行平稳性检验，面板数据的平稳性检验方法与时间序列数据检验不同，本书主要选取 Levin – Lin – Chu（简记为 LLC）、Breitung 和 Hadri 三种单位根检验方法对模型数据进行检验，检验结果如表 3 所示。

表3　　　　　　　　　　　　　　单位根检验

变量	水平检验结果			一阶差分检验结果		
	LLC	Breitung	Hadri	LIC	Breitung	Hadri
LIQ	1. 3184	4. 2123	6. 9554 ***	− 7. 2468 ***	− 2. 4655 ***	6. 5667 ***
	(0. 9063)	(1. 0000)	(0. 0000)	(0. 0000)	(0. 0068)	(0. 0000)
Rate	− 9. 3873 ***	− 5. 0501 ***	41. 4816 ***	− 8. 6687 ***	− 7. 8199 ***	41. 4816 ***
	(0. 0000)	(0. 0000)	(0. 0000)	(0. 0000)	(0. 0023)	(0. 0000)
GM	− 2. 5130 ***	2. 4558	8. 1724 ***	− 14. 4174 ***	− 7. 4635 ***	30. 8840 ***
	(0. 0002)	(0. 9930)	(0. 0000)	(0. 0000)	(0. 0000)	(0. 0000)

注：括号中为 p 值，***、** 和 * 分别表示在 1%、5% 和 10%，置信水平上显著。

　　根据单位根检验结果显示，Rate 为平稳数据，而 LIQ、GM 两个变量一阶单整，在经过一阶差分后，在 1% 的水平下显著，满足平稳性条件，为本书后续进行 Panel – VaR 分析奠定可行性基础。

　　（二）模型结果及分析

　　本书采用 Inessa Love（2006）公布的 Panel – VaR 程序包（Inessa Love，2006；王晓明，2012；何源，2014），通过广义矩估计方法（GMM）对变量进行回归估计（Douglas Holtz Eakin，1988；Stefa Gerlach，1995；俞立平，2011）。表4 给出了滞后一阶的 PVAR 模型的估计结果。

表4　　　　　　　　　　　　PVAR 模型回归结果

被解释变量	解释变量		
	$LIQ_{i,t-1}$	$Rate_{t-1}$	GM_{t-1}
LIQ	0. 0415 *	0. 0866 ***	0. 1644 ***
	(1. 6782)	(28. 7064)	(15. 9096)
Rate	− 0. 0478 ***	0. 2590 ***	1. 0493 ***
	(− 16. 1575)	(12. 8491)	(17. 7213)
GM	− 0. 4187 ***	0. 0269 ***	0. 0892 ***
	(− 22. 1035)	(19. 2700)	(10. 6453)

注：括号中为 t 值，***、** 和 * 分别表示在 1%、5% 和 10%，置信水平上显著。

由表 4 的 PVAR 回归结果可知：

第一，滞后一期的宏观流动性指标对当期的微观流动性、中观流动性和宏观流动性皆产生显著正影响，货币政策传导有效。滞后一期的宏观流动性指标每上升 1 个百分点，微观流动性指标上升 0.1644 个百分点，中观流动性指标上升 1.0493 个百分点，宏观流动性指标上升 0.0892 个百分点。表明宏观流动性水平上升时，微观流动性和中观流动性水平也有所提高，这是由于宏观经济的发展使私人部门的资金需求上升，银行在信贷需求刺激下会加大信贷投放量，这一结果可以从滞后一期的宏观流动性指标对中观流动性指标的显著正影响可以看出，同时也表明了银行信贷渠道传导机制的有效性。

第二，滞后一期的中观流动性指标对当期的微观流动性、中观流动性和宏观流动性皆产生显著正影响，金融市场有效。其中，滞后一期的中观流动性指标每上升 1 个百分点，微观流动性指标上升 0.0866 个百分点，其当期指标上升 0.2590 个百分点，而宏观流动性指标上升 0.0269 个百分点。这说明中观流动性水平上升时，微观流动性和宏观流动性水平也有所提高，同时也验证了金融市场的有效性，这与梁珊（2014）的研究结果相吻合。

第三，滞后一期的微观流动性指标对当期的中观流动性和宏观流动性皆产生显著负影响，对自身当期水平存在微弱的正影响，金融监管对货币政策传导存在一定的影响。其中，滞后一期的微观流动性指标每上升 1 个百分点，中观流动性指标下降约 0.0478 个百分点，宏观流动性指标下降约 0.4187 个百分点。这说明微观流动性对中观流动性及宏观流动性产生影响，微观流动性水平上升将以中观及宏观流动性水平的降低为代价。例如，当信贷紧缩期银行产生惜贷情绪时，由于银行信用风险上升，中长期贷款等流动性较差的资产减少，存款及流动性较高的金融资产增多，银行超额准备金大量增加，微观流动性水平将上升，但在银行流动性增加的同时，整个社会的宏观流动性却可能下降。这种宏观流动性与微观流动性的互动与彭兴韵（2007）的研究相吻合。同时，滞后一期的微观流动性指标每上升1个百分点，当期微观流动性指标上升约0.0415个百分点，对自身当期水平存在微弱的正影响，这与王晓明（2012）的研究结果相一致。

（三）脉冲响应函数分析

图2～图5为Panel－VaR模型中各个变量的脉冲响应函数图，其中横轴表示选取10年作为脉冲响应分析期数，纵轴表示被解释变量对解释变量的响应强度，中间的曲线为脉冲响应函数曲线，外侧两条曲线代表脉冲响应函数两倍标准差的置信区间估计结果。从脉冲曲线的收敛情况来看，其结果基本可信。

从宏观流动性指标对微观流动性的冲击来看，在第一期和第二期时出现负影响，在第三期至第六期保持正影响，随后有所波动但影响逐渐减弱。这一方面反映宏观流动性对微观流动性冲击具有时滞，宏观经济增长伊始，由于宏观调控因素使下一期银行信贷扩张减缓，而随着调控力度减弱，资金需求刺激银行扩张信贷投放力度；另一方面也反映出了宏观流动性与微观流动性指标的背离，这与实证估计结果相符，具体考虑在信贷紧缩期，银行惜贷情绪及风险加大，使超额准备金上升，宏观流动性却可能显得不足。

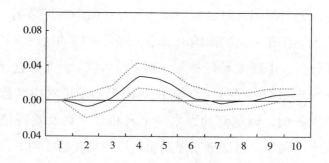

图2　微观流动性对宏观流动性指标冲击的脉冲响应

从微观流动性指标对宏观流动性指标的冲击来看，在第一期和第二期时出现负影响，在第三期出现短暂正影响后随即又变为负影响，之后有所波动但影响逐渐减弱。这也验证了实证模型的估计结果，即微观流动性与宏观流动性间存在负影响，表现在信贷收缩期，私人部门信贷需求不足，同时伴随着银行信用风险上升，使银行体系的超额准备金大量增加。在这种情况下，银行流动性的增加，将伴随着整个社会的宏观流动性的下降。

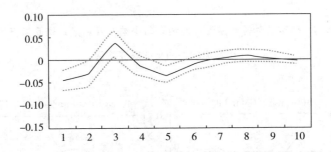

图3   宏观流动性指标对微观流动性指标冲击的脉冲响应

图4分别列示了包含影子银行的宏观流动性指标、不包含影子银行的宏观流动性指标对微观流动性指标的冲击影响，以验证影子银行对流动性传导渠道的影响。可以直观地看出，纳入影子银行体系的宏观流动性指标的变动将导致微观流动性指标出现更大的变化。这意味着，我们在设计货币政策时，如果仅依赖于不包含影子银行的宏观数据，可能会低估货币政策影响。图5反过来考察了是否纳入影子银行体系的社会融资规模对微观流动性指标冲击的脉冲响应。可以明显看出相同的微观流动性指标变动，将对未纳入影子银行体系的宏观流动性指标（图4右图）产生较大冲击。这说明影子银行体系游离于正规金融体系的监管之外，面向金融机构等微观主体的流动性监管对影子银行体系完全不起作用，在制定货币政策和金融监管规则时，要重点防范由于影子银行体系流动性的缺乏，可能对系统性风险产生的影响。

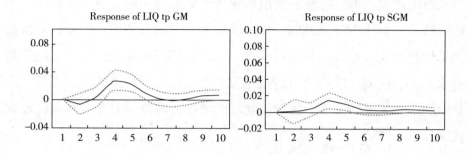

图4　微观流动性对纳入（左图）与未纳入（右图）影子银行的
宏观流动性冲击的脉冲响应

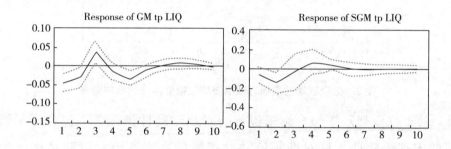

图5　纳入（左图）与未纳入（右图）影子银行的宏观流动性
对微观流动性冲击的脉冲响应

（四）方差分解分析

Panel - VaR 模型的方差分解和一般的 VaR 模型原理相同，都是通过对误差项进行方差分解，分析每一个内生变量波动的成因的组成部分，了解各变量在长期内对其他变量的影响力，同时评价不同结构冲击的贡献度和相对重要程度。本书为了确定纳入影子银行体系的宏观流动性的影响效果，衡量不同层次流动性指标间的相互影响，选择对滞后10 阶的 Panel - VaR 模型作方差分解，结果如表5 所示。

表 5 微观流动性指标的方差分解结果

Variance Decomposition of LIQ:				
Period	S. E.	LIQ	RATE	GM
1	0.074752	100.0000	0.000000	0.000000
2	0.093094	98.37980	1.019038	0.601161
3	0.105001	92.11909	7.345788	0.535118
4	0.109896	85.33518	7.693390	6.971427
5	0.112496	81.89337	7.617494	10.48914
6	0.112792	81.48807	7.914202	10.59773
7	0.113569	81.69014	7.812966	10.49690
8	0.114335	81.81279	7.829709	10.35750
9	0.114658	81.59961	7.905142	10.49524
10	0.114884	81.28170	7.874467	10.84384

对微观流动性指标进行方差分解过程中，其自身影响占很大比重，皆保持在80%以上，而中观流动性指标和宏观流动性指标影响虽然随着阶数的增加有所上升，但都只在10%左右，这说明微观流动性指标在短期内与模型中其他各指标之间的联系性较弱，具有一定的外生性。

表 6 中观流动性指标的方差分解结果

Variance Decomposition of RATE:				
Period	S. E.	LIQ	RATE	GM
1	0.179173	1.427646	98.57235	0.000000
2	0.303483	12.98815	35.78619	51.22565
3	0.373959	28.57198	35.66878	35.75924
4	0.388336	27.02804	33.77982	39.19215
5	0.406141	30.89893	31.31111	37.78996
6	0.409306	31.10497	31.67610	37.21893
7	0.412222	31.01613	31.34795	37.63592
8	0.415963	31.41085	30.99830	37.59085
9	0.416835	31.41554	31.14506	37.43940
10	0.417682	31.44992	31.02365	37.52643

对中观流动性指标进行方差分解过程中，除自身影响外，微观流动

性指标和宏观流动性指标的影响都随着阶数推移不断上升，在第3阶时微观流动性指标的影响就超过了指标自身的影响，且在第5阶开始两个指标的影响就与其自身影响基本持平，说明中观流动性受到微观流动性水平及宏观流动性影响显著，商业银行为了达到新的监管标准会根据监管的细则对自身经营状况作出调整，从而影响银行间市场流动性，同时宏观经济的发展通过流动性传导机制也对银行间市场流动性产生影响。

表 7　　　　　　　　　宏观流动性指标的方差分解结果

Variance Decomposition of GM：			
Period	S. E.	LIQ	RATE	GM
1	0. 133611	11. 75495	59. 76935	28. 47570
2	0. 146716	14. 51878	52. 22248	33. 25874
3	0. 152677	19. 00692	50. 15398	30. 83910
4	0. 158899	18. 52122	46. 52047	34. 95831
5	0. 164488	21. 57859	44. 14683	34. 27458
6	0. 165510	21. 70909	44. 24183	34. 04908
7	0. 165776	21. 66262	44. 39186	33. 94553
8	0. 166008	21. 83144	44. 27140	33. 89715
9	0. 166156	21. 86942	44. 23438	33. 89621
10	0. 166386	21. 84611	44. 11340	34. 04048

对宏观流动性指标进行方差分解过程中，微观流动性指标和中观流动性指标对其影响皆很显著，说明纳入影子银行体系的宏观流动性指标会受到中观流动性指标和微观流动性指标的双重影响，从而纳入影子银行体系的宏观流动性会受到单个银行代表的微观流动性及银行间市场流动性的影响。

六、结论

本章从流动性传导视角讨论货币政策与金融监管的协调，通过对不同层级流动性间的相互影响及纳入影子银行后带来的冲击效应进行分析，得到如下结论：一是不同层级流动性之间相互影响，微观流动性水平上升将以中观及宏观流动性水平的降低为代价，同时微观流动性与宏观流动性间呈现出相互背离的状况。二是金融监管将对货币政策的传导渠道产生影响。2010 年巴塞尔Ⅲ设立的新监管框架也使我国商业银行面临更大的资本达标压力，银行为了更好地满足监管指标会对自身资本结构或者负债结构作出调整，从而可能对银行体系的流动性造成影响，进而传导至微观流动性及宏观流动性。三是影子银行体系对货币政策传导机制存在较为明显的冲击。纳入影子银行体系的宏观流动性体系对中观流动性和微观流动性水平冲击更大，影子银行的流动性创造功能会对银行间市场流动性造成影响，从而干扰常规银行体系创造的流动性，并最终反馈到宏观流动性层面。

基于这些结论，我们提出以下政策建议：

（一）关注货币政策和金融监管的协调

货币政策对宏观流动性产生影响，通过货币政策传导渠道进一步作用于中观流动性及微观流动性，同时新监管要求的提出及影子银行的纳入都会对流动性产生冲击，进而影响金融市场的稳定。加之央行提出 MPA（宏观审慎评估体系）考核，进一步提高金融机构流动性要求，这都要求监管部门注重我国货币政策及金融监管的协调性，构建顺应金融创新及监管要求的传导渠道和监管体系。

（二）对各层级的流动性进行全面监测，建立顺应金融发展趋势的流动性监管框架

影子银行体系的纳入冲击了货币政策传导机制的有效性，加大了不同层级流动性间影响的波动性，央行需要和监管当局适时建立相应的流动性度量体系和监管框架，提升政策的有效性和协调性。

（三）在明确影子银行范畴的基础上，将其纳入监管体系

影子银行业务存在的监管缺失使其隐藏着巨大的风险，监管当局

应考虑将影子银行体系下纳入我国金融监管体系，同时要扩大社会融资规模的统计口径，充分明确影子银行范畴。在面对影子银行等金融创新带来的不确定性冲击时，应重新审视和检验货币传导机制，建立审慎的监管框架和协调机制。

第五章 货币政策、流动性约束与银行风险承担[①]

货币政策目标的实现需要通过银行等金融机构进行传导，货币政策的有效性很大程度上取决于其传导渠道的有效性。然而，银行等金融机构的理性行为是在金融监管的约束下，以追求利润最大化为目标的，这可能导致银行在货币政策传导中的行为与货币政策调控的初衷有所背离，从而导致货币政策效果减弱或失效，甚至还会导致金融体系的系统性风险，影响金融稳定。近年来，将金融稳定纳入货币政策目标的讨论也再次步入经济学领域的主流。因此，在金融监管的约束下讨论货币政策的有效性不仅对货币政策的制定具有较大的指导意义，同时也利于从金融监管与货币政策相协调的角度控制金融体系的系统性风险。

2008 年国际金融危机爆发后，各国监管当局和国际金融组织纷纷提出了一系列金融改革的规则，在资本约束之外，流动性约束首次被正式提出，并成为与资本约束平行的双重监管体系。然而，目前从流动性约束的视角考察货币政策传导有效性的文章还不多见。基于此，本章分别从理论分析和实证检验的角度验证流动性约束下我国货币政策的银行风险承担渠道的有效性。本章的内容安排如下：第一部分为国内外文献综述，分析了货币政策的银行风险承担渠道理论及本源性实证研究

---

① 本文与姚舜达合作发表于《金融评论》2017 年第 2 期。

探讨。第二部分从金融理论的角度分析流动性约束对银行风险承担渠道的影响。第三部分建立了理论模型，从数理推导的角度讨论在流动性约束下，货币政策与银行风险承担行为的关系。第四部分建立实证模型，首次运用门限面板模型捕捉流动性约束下货币政策对银行风险承担的门限效应。第五部分，对所得实证结果进行分析并得出结论。第六部分，对本章进行总结并给出相应的政策建议。

一、文献综述

在市场经济中，货币政策传导渠道是指货币政策的变动影响实体经济所通过的途径。西方各经济学派对于货币政策传导渠道的争论源自 20 世纪 30 年代。在凯恩斯宏观经济理论下，该争论逐渐集中到货币渠道和信贷渠道上（Joseph E、Stiglitz 和 Andrew Weiss，1981）。货币渠道认为，当货币供应量增加时，利率水平降低，人们所持货币的收益随之减少。在这种情况下，人们会加大利益的搜寻，主要途径是购买企业债券。此时企业意识到在利率水平降低时自身投资收益为正值，则会扩大债券的发行规模，投资水平也随之增加。信贷渠道自 20 世纪 80 年代起受到普遍关注，一般认为有两种作用路径：一种是货币政策的变动会导致利率变化，直接影响企业的融资成本，从而决定投资规模的大小（Bernank 和 Gertler，1990）；另一种是由于中小企业过度依赖银行信贷资金供应，此时货币政策的变动会对实体经济造成直接冲击。两种传统货币政策传导渠道基于一个共同的假设，即银行等金融中介是风险中立的。然而，Borio 和 Zhu（2008）提出，由于信息不对称和政府隐性保险制度，银行表现出非风险中立性，此时货币政策的传导存在银行风险承担渠道，具体描述为"银行风险认知或风险容忍度对政策利率变化的影响，同时也影响着资产组合定价、价格与非价格条款扩展资金的风险"。关于货币政策的银行风险承担渠道，学者们主要从以下三个方面对其开展了研究。

一是银行风险承担渠道的识别与效应分析。银行风险承担渠道提出之后，学者们纷纷对各国货币政策是否存在银行风险承担渠道进行验证，Altunbas 等（2014）将证券化业务及监管力度等要素考虑在内，引入宏观经济特征变量和银行微观变量对信贷渠道进行控制，从而验证了美国银行和欧元区银行风险承担渠道的存在性；Ramayandi 等（2014）采用四种不同度量银行风险承担的方法，分别验证了亚洲主要经济体中银行风险承担渠道的存在性。Bonfim 和 Soares（2014）使用葡萄牙的银行贷款数据，认为银行的风险承担与货币政策呈负相关；Jiménez 等（2014）则使用西班牙的银行贷款数据，通过模型分离出银行信贷供给成分的变化，以识别银行风险承担渠道。国内学者张雪兰和何德旭（2012）、张强等（2013）、刘晓欣和王飞（2013）以及金鹏辉和张翔（2014）分别通过系统 GMM、差分 GMM 和 SVAR 模型，对我国货币政策的银行风险承担渠道进行了验证。在此基础上，学者们分别对影响银行风险承担渠道的因素进行了研究，部分学者认为银行风险容忍度与委托—代理问题的严重程度呈正相关，即委托—代理问题越严重，越能激发银行的风险承担（Freixas 等，2009；Adrian 和 Shin，2010；Acharya 和 Naqvi，2012；Dell' Ariccia 等，2013）。部分学者认为银行风险承担程度与市场约束（许友传，2009；谭中和粟芳，2011；）、银行资本水平（宋琴和郑振龙，2011；徐明东和陈学彬，2012；张敬思和曹国华，2016）、利率市场化水平（李仲林，2015；项后军等，2016）相关。此外，还有部分学者对银行风险承担的异质性进行了检验。潘敏和张依茹（2012）发现股权结构不同的商业银行对于宏观经济波动的敏感性存在差异；张中元（2014）指出银行监管与经济体监管的交互会导致银行风险承担的异质性；刘生福（2014）对系统重要性银行与一般银行加以区分，发现系统重要性银行在面对货币政策变动时风险态度更为审慎。

二是资本约束下的银行风险承担分析。银行的理性行为应是在监管约束的条件下追求利润最大化，因此在仅有资本约束的时代，探讨资本约束对银行风险承担渠道的扭曲是一个主要的研究方向。综合已有国内外成果来看，大致存在两种对立观点：第一种观点认为，资本约束会增强银行风险承担。在资本约束下，银行会不断调整其资产配置，并且随着资本价格的提高银行可能会选择风险更高的业务（Koehn 和 Santomero，1980；Iwatsubo，2007）。第二种观点则正好相反，认为资本约束会减弱银行风险承担。Furlong 和 Keeley（1989）指出在资本约束下，银行将降低风险资产比例，风险承担随之减弱。国内学者宋琴和郑振龙（2011）从反向入手，建立银行资本水平与风险承担的数理模型，发现在无资本监管的情况下，银行的破产概率会提高。田娇和王擎（2015）将资本充足率与核心资本充足率作为资本监管的代理变量，发现两者对银行风险承担具有抑制作用。更进一步来讲，近年来不少研究聚焦于资本约束对银行风险承担的非线性影响，江曙霞和陈玉婵（2012）在 Dell'Ariccia（2010）的模型中引入法定存款准备金，发现资本约束对于货币政策下的银行风险承担渠道具有门限效应。郭丽丽和李勇（2014）首先构建在法定存款准备金率和资本充足率双重约束下的商业银行利润函数，随后通过面板门限回归模型检验资本约束与银行风险承担之间存在的门限效应。张敬思和曹国华（2016）参考宋琴和郑振龙（2011）的模型，并加入资本约束条件，先通过数理推导得出资本水平对银行风险承担的非线性影响，再利用动态面板门限回归模型进行了验证。

三是流动性约束对银行风险承担的影响。近年来，流动性约束已经逐渐被提升至资本约束相同的地位，但是从流动性约束的角度分析银行风险承担的研究仍旧很少，仅 Acharya 和 Naqvi（2012）提出若银行流动性泛滥，银行风险容忍度将提高，在宽松的货币政策下可能会带来金融体系的风险隐患。李沂（2014）则认为货币政策的流动性传导离不开流动性调整、银行风险预期、资金使用成本和价格之间的交互。现有关于流动性约束和银行风险承担的研究大多没有考察货币政策的风险承担渠道，而仅仅分析了流动性约束和银行风险的关系。但关于流动性约束对银行风险承担的影响仍存在争议。一些学者认为，适当的流动性约束能提高银行风险承担的灵活性（Povel 和 Raith，2004；Fonseca 等，2010）。Viral 和 Hassan（2012）从委托—代理问题的角度出发，认为在信息不对称的情况下，银行的流动性水平与其风险承担成正比。另一些学者认为，银行流动性水平的提高可能会引起"流动性困境"（Myers 和 Rajan，1998），即如果银行流动性水平超过一定界限，则会对其风险承担造成影响。贾丽平（2015）认为，流动性波动削弱了货币政策的灵活性，商业银行应重视现金流的预测和分析以降低短、长期流动性风险。流动性波动带来的显、隐性风险会改变银行的风险认知，即影响银行的风险承担。当前，国内尚没有学者专注于流动性约束对货币政策风险承担渠道的影响进行研究，本文将对这一问题进行拓展。

二、流动性约束下的银行风险承担渠道

本章构建了货币政策传导渠道作用机理见图 1 所示。从政策工具来看，一方面，中央银行根据货币政策目标选择货币政策工具，对基础货币和基准利率进行调整；另一方面，金融监管部门根据金融稳定等目标选择金融监管工具，防范银行体系的风险。但不论对于货币政策还是金融监管而言，其政策传导都要通过金融机构和金融市场来实现。在以银行主导的间接融资为主的金融体系下，银行不仅是货币政策传导渠道的主要载体，更是金融监管工具的实施对象，同时银行又是以实现利润最大化为理性目标的经营主体。因此，在金融监管的约束下，银行在自身经营中如何进行风险承担，将成为影响货币政策传导有效性的重要因素，进而对货币政策最终目标实现的有效性产生影响。

货币政策的传导与银行风险承担的交互过程遵循如下的路径：当货币政策的中介目标发生改变后，一方面，市场通过宏观流动性的变化释放了更多的流动性，同时促使银行调整流动性风险预期，进而改变银

行资产配置，对信贷供给产生影响；另一方面，市场通过引导利率变动，改变资金的使用成本和价格，同时对银行信贷供给产生影响，而银行信贷供给的变化也会进一步影响银行的流动性风险承担。基于交互过程后的信贷供给，将对国民经济增长产生影响，从而实现货币政策的最终目标。

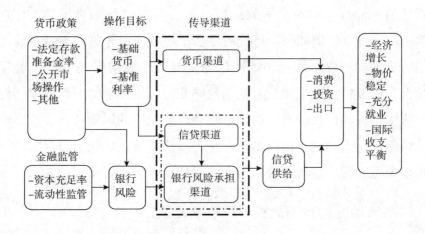

图1　货币政策传导渠道作用机理

根据 Borio 和 Zhu（2008、2012）的观点，银行风险承担渠道的作用机理主要有四个，即估值、收入和现金流效应、利益搜寻效应、央行沟通与反应函数效应以及习惯形成路径。在此基础上，我们将探讨流动性约束下银行风险承担渠道的作用机理。

首先，流动性约束对估值、收入和现金流效应存在扭曲。银行风险承担渠道的估值、收入和现金流效应（Borio 和 Zhu，2008）是指利率的降低提高了资产价格、抵押品价值，从而扩大了银行收入，使得银行风险感知能力降低或风险容忍度增加。然而，在流动性约束下，当利率降低时，当前资产价格的上升可能正是资产价格泡沫的累积期，对未来资产泡沫破灭的预期，即未来是否能满足流动性约束的要求将直接影响银行当前的风险容忍度；而当利率上升时，资产价格和抵押品价值可能会出现螺旋式下降，从而极大地降低了银行的风险容忍度，这也是金融危机中金融市场的实际表现。

其次，流动性约束对利益搜寻效应将产生调整。银行风险承担渠道的利益搜寻效应（Rajan，2006）是指宽松的货币政策降低了无风险资产收益率，即投资无风险资产的补偿较低，以激励银行搜寻风险更高的资产。同时，银行存贷款利差减小，使银行利润率降低，进一步刺激银行"利益搜寻"。这一现象可以归因于短期低利率和目标收益率黏性之间的交互。在流动性约束下，高风险的资产往往伴随着低流动性，这种黏性的强弱可能会发生转变，影响银行的风险认知和行为导向。例如，当银行的流动性水平较低时，银行可能在搜寻更高风险资产的过程中表现的有心无力。此外，银行之间存在信息不对称、低利率驱动的逆向选择问题，也可能会在流动性约束的影响下进一步放大。

再次，流动性约束对央行沟通与反应函数效应的干扰。银行风险承担渠道的央行沟通与反应函数效应（Borio 和 Zhu，2012）可以从两个方面说明：一是"透明度效应"，是指央行货币政策透明度的提升将减少市场的不确定性，压缩风险溢价，进而释放银行的风险预算，增强风险承担。二是"保险效应"，如果央行将采取宽松的货币政策来应对负面冲击成为了一致性预期，那么银行风险承担也会增强。对于上述两种效应，流动性约束的存在都将成为影响银行风险预算的重要因素，对该效应的实现形成干扰。

最后，流动性约束将强化习惯形成路径（含一部分预期效应）。该机理源于资产定价模型在长期低利率时期预测高信用利差（Longstaff 和 Schwartz，1995；Dufresne 等，2001；Altunbaş 等，2010），强调历史习惯对于投资者（银行）风险承担的影响。Campell 和 Cochrane（1999）指出，在经济扩张时期，若消费水平恢复到相对正常水平，投资者（银行）会产生风险厌恶。因此，宽松的货币政策配合实体经济的发展，可能会降低投资者（银行）的风险厌恶。同理，当经济经历了长期的低风险、低利率环境，投资者（银行）对未来的预期可能保持乐观。

然而，在低利率环境下宏观流动性的充裕可能会进一步加剧投资者的过分乐观，从而对该预期形成强化。

综合上述，流动性约束的存在，对货币政策的风险承担渠道产生了一定的影响。下文将分别从理论模型和实证分析的角度对该影响进行验证。

三、理论模型

本章参考 Acharya 等（2012）的模型，引入与货币政策相关的存款赎回函数，构建了考虑流动性危机情况下的理论模型。假设货币政策变量为存款利率 r_D，则银行存款为利率 r_D 的函数 $D(r_D)$，满足 $D'(r_D) > 0$，即利率越高，存款越多；假设银行贷款利率为 r_L，银行贷款为贷款利率的函数 $L(r_L)$，满足 $L'(r_L) < 0$。假设银行存款的流失率与货币政策相关 $B(x, r_D)$，其中 x 是描述存款流失的随机变量，满足 $0 < B(x, r_D) < 1$，则存款流失的数量为 $B(x, r_D) D(r_D)$，可使用的现金为 $D(r_D) - L(r_L)$，如果 $B(x, r_D) D(r_D) > D(r_D) - L(r_L)$，银行将面临流动性危机，银行将不得不花费高额成本弥补流动性缺口，假设该成本是缺口的 r_p 倍，满足 $r_p > r_L > 1$。

基于以上假设，银行利润由三个部分组成：银行贷款的收益、银行存款的利息支出和银行流动性缺口的成本。银行将基于货币政策的变化，基于对存款流失率的预测，进行贷款定价从而实现利润的最大化，即

$$\max_{r_L^*} \prod = r_L L(r_L) - r_D D(r_D)(1 - E(B(x, r_D)))$$
$$- r_p E\{\max(B(x, r_D)D(r_D) - [D(r_D) - L(r_L)], 0)\}$$

根据极值定理，可得

$$\frac{\partial \prod}{\partial r_L} = L(r_L) + r_L L'(r_L) - r_p P[B(x, r_D)D(r_D) \geqslant D(r_D) - L(r_L)]L'(r_L) = 0$$

即有

$$r_L^* = \frac{r_p P(B(x,r_D)D(r_D) \geqslant D(r_D) - L(r_L^*))L'(r_L) - L(r_L)}{L'(r_L)}$$

$$= r_p P(B(x,r_D)D(r_D) \geqslant D(r_D) - L(r_L^*)) - \frac{L(r_L)}{L'(r_L)}$$

所以：

$$\frac{\partial r_L^*}{\partial r_D} = r_p \frac{\partial P[B(x,r_D)D(r_D) \geqslant D(r_D) - L(r_L^*)]}{\partial r_D}$$

情形 1：存款流失率与货币政策不相关

先考虑简单情况，假设 $B(x,r_D) = B(x)$，即存款流失率与货币政策不相关，则

$$\frac{\partial r_L^*}{\partial r_D} = r_p \frac{\partial P(B(x)D(r_D) \geqslant D(r_D) - L(r_L^*))}{\partial D} \cdot D'(r_D)$$

因为 $D'(r_D) > 0$，所以有 $\mathrm{sign}(\frac{\partial r_L^*}{\partial r_D}) = \mathrm{sign}\left\{\frac{\partial P[B(x)D(r_D) \geqslant D(r_D) - L(r_L^*)]}{\partial D}\right\} < 0$，意味着随着存款利率的上升，即在紧缩货币政策的情况下，贷款利率上升，贷款减少，紧缩货币政策有效。

情形 2：存款流失率与货币政策相关

此时，考虑存款流失率与货币政策变量 r_D 相关，则 $(\frac{\partial r_L^*}{\partial r_D})$ 的符号依赖存款流失率函数 $B(x,r_D)$ 的设计。假设随机变量 x 的概率函数为 $F(x)$，则有：

$$\frac{\partial P[B(x,r_D) \geqslant 1 - L(r_L^*)/D(r_D)]}{\partial r_D} = \frac{\partial P\{x \geqslant B^{-1}[1 - L(r_L^*)/D(r_D)]\}}{\partial r_D}$$

$$= \frac{\partial\{F(B^{-1}[1 - L(r_L^*)/D(r_D)])\}}{\partial r_D} = -f(x) \cdot B^{-1'} \cdot \frac{1}{D^2} \cdot D'(r_D)$$

因为 $D'(r_D) > 0$，所以 $\mathrm{sign}(\frac{\partial r_L^*}{\partial r_D}) = -\mathrm{sign}(B^{-1'})$

（1）存款流失率与货币政策正相关（$\frac{\partial r_L^*}{\partial r_D} > 0$）

货币政策紧缩时，存款流失严重，随着存款利率的上升，银行最优的贷款利率也随即上升，贷款减少，紧缩货币有效。

货币政策宽松时，存款流失减少，随着存款利率的下降，银行最优的贷款利率也随即下降，贷款增加，宽松货币有效。

（2）存款流失率与货币政策正相关（$\frac{\partial r_L^*}{\partial r_D} < 0$）

货币政策紧缩时，存款流失减少，存款增多，随着存款利率的上升，银行最优的贷款利率相反会下降，贷款也随着存款的增多而增多，紧缩货币政策失效。

货币政策宽松时，存款流失增加，存款减少，随着存款利率的下降，银行最优的贷款利率相反会上升，贷款也随着存款的减少而减少，宽松货币政策失效。

四、实证模型

上述理论模型显示，货币政策对银行风险承担的影响在流动性约束下呈现出非线性特征，即不同的流动性水平可能对货币政策的银行风险承担渠道产生不同程度的影响。下文将构建实证模型对该影响进行分析。

（一）模型设计

从国内对资本约束下银行风险承担渠道进行研究的实证模型来看，动态面板模型最为常用，其中可分为系统 GMM（张雪兰和何德旭，2012；代军勋和李俐璇，2016）和差分 GMM（徐明东和陈学彬，2012；沈沛龙和王晓婷，2015）；静态面板模型集中在固定效应模型（方意等，2012；牛丽娟，2015）和随机效应模型（韩博和霍强，2016；刘青云，2017）的选择上。此外，还有由 VaR 模型衍生出的各类子模型（金鹏辉等，2014；孙建雅等，2014）。近年来出现的面板门限回归模型（江曙霞和陈玉婵，2012；郭丽丽和李勇，2014；张敬思和曹国华，

2016）为银行风险承担渠道带来了全新研究视角。从模型功能来看，动态、静态面板模型和 VaR 模型及其衍生子模型大多研究银行风险承担渠道的存在性及其与货币政策的相关性问题，而难以进一步验证非对称效应与最优区间等问题。鉴于此，本书借鉴 Hansen（1999）提出的面板门限回归模型（Panel Threshold Regression Model）的研究思路，试图捕捉流动性约束对货币政策银行风险承担渠道的非线性影响。

面板门限回归模型的关键在于对门限值的估计，Hansen（1999）的做法是将门限变量的每个数值分别代入模型进行回归，得到残差平方和最小的即为门限值。所以，门限值的估计值为 $\hat{\lambda} = argminS_1(\lambda)$，残差方差为 $\hat{\sigma}^2 = T^{-1}\hat{\varepsilon}'_t(\lambda)\hat{\varepsilon}_t(\lambda) = T^{-1}S_1(\lambda)$，$S_1(\lambda)$ 为残差平方和。我们将面板门限回归模型应用于验证流动性约束下货币政策的银行风险承担渠道的门限效应。鉴于此，本书的面板门限回归模型可描述为

$$RISK_{it} = \delta'X_{it} + \beta_1 M_{it}I(LIQ \leq \lambda) + \beta_2 M_{it}I(LIQ > \lambda) + \varepsilon_{it}$$

其中，LIQ 为门限变量，反映银行的流动性约束。λ 为流动性约束的门限值，$I(LIQ \leq \lambda)$ 表示当 $LIQ \leq \lambda$ 时，值为1；当 $LIQ > \lambda$ 时，值为零。$RISK_{it}$ 为被解释变量，代表银行风险承担；M_{it} 为核心解释变量，代表货币政策代理变量；X_{it} 为控制变量，代表影响银行风险承担的其他变量；ε_{it} 为残差项。

（二）变量设计

1. 被解释变量

从银行风险承担的本质来看，预期违约概率 EPD 应是首选指标，但考虑到 EPD 数据基本不可得，仅有牛晓健和裘翔（2013）通过手工计算得出。Z – score 值仅反映银行破产风险而非风险承担（Agoraki 等，2011），贷款损失准备金是银行预留以应对坏账，但央行在危机来临时出手救助可能性很大（王周伟和王衡，2014），使该指标不够准确。不良贷款率（NPL）作为银行风险承担的代理变量时，资产负债表渠道会

产生干扰，存在被动稀释现象。鉴于此，本书选择加权风险资产比率 RRWA 作为银行风险承担的主要代理变量，反映银行对事前风险的主动风险承担；不良贷款率 NPL 作为稳健性检验的辅助代理变量，反映银行对事后风险的被动风险承担。

2. 核心解释变量

为增强模型的可行性与解释力，并考虑数据可得性，本书自行计算流动性比率 LIQ 来模拟银行受到的流动性约束；参考江曙霞和陈玉婵（2012）的研究，货币政策的代理变量选取法定存款准备金率 RR、一年期贷款基准利率 RATE。

3. 控制变量

本书主要从宏观经济特征和影子银行发展角度选取控制变量。宏观经济特征代理变量包括 GDP 年增长率 GW 和房地产投资年增长率 House；同时考虑影子银行的发展所带来的影响，选取影子银行规模 Shadow[①] 作为代理变量。

表1　　　　　　　　　　指标选取和数据来源

	代理变量	数据来源
被解释变量	加权风险资产比率 RRWA	Bankscope
	不良贷款率 NPL	Bankscope
门限变量	流动性比率 LIQ	Bankscope
核心解释变量	法定存款准备金率 RR	国家统计局网站
	一年期贷款基准利率 RATE	国家统计局网站
控制变量	GDP 年增长率 GW	中国人民银行网站
	房地产投资年增长率 House	国泰安数据库
	影子银行规模 Shadow	Wind 数据库

（三）样本与数据

基于数据可得性，本书数据来自我国 20 家上市银行 2009—2014 年

---

① 借鉴国际上的有关定义，结合中国的实际情况，中国的影子银行可以概括为：除正规银行体系之外，由具有流动性和信用转换功能，存在引发系统性风险或监管套利可能的机构和业务构成的信用中介体系。

的年度平衡面板数据，共 960 个数据。其中样本银行为数据相对完整的上市银行，包括工商银行、中国银行、建设银行、交通银行、中信银行、华夏银行、民生银行、兴业银行、平安银行、上海浦东发展银行、浙商银行、北京银行、锦州银行、上海银行、江苏银行、南京银行、宁波银行、徽商银行、重庆银行和郑州银行。考虑到本文主要讨论 2008 年国际金融危机之后流动性约束加强后我国银行体系的风险承担，以及自 2009 年起影子银行的发展所带来的影响，因此数据期限选自 2009 年。本章银行数据主要来源于 Bankscope 数据库、国泰安数据库以及各家银行公开披露的年报。宏观经济特征数据和影子银行规模数据来源于中国人民银行网站、国家统计局网站和 Wind 数据库。个别缺失数据采用线性插值法予以补充。本章基于 Stata 13.1MP 完成实证分析过程。具体指标的描述性统计结果如表 2 所示。

表 2　　　　　　　　　　指标的描述性统计结果

代理变量名	均值	标准差	最小值	最大值
RRWA	0.6056	0.0620	0.4728	0.7786
NPL	0.0086	0.0031	0.0020	0.0159
LIQ	0.1454	0.0231	0.0923	0.2172
RR	0.1665	0.0186	0.135	0.205
RATE	0.0588	0.0039	0.0531	0.0656
GW	0.0861	0.0112	0.0740	0.1045
House	0.1817	0.0605	0.1050	0.2810
Shadow	30.1677	0.9711	28.7399	31.4377

注：表中影子银行规模 Shadow 为对数化后数据；流动性比率 LIQ 含义为现金及存放中央银行存款项、存放同业和交易性金融资产等流动性资产总和与总资产的比值。

五、实证分析

（一）门限效应检验

门限效应检验与传统假设检验的不同在于，原假设成立时无法得到门限估计值，使传统检验的 F 统计量在大样本情况下不符合标准"卡方分布"（江曙霞和陈玉婵，2012）。Hansen（1996）提出自助抽样法（Bootstrap）得到渐近 P 值，从而实现对零假设的统计检验。Hansen（1999）进一步提出 LR（极大似然率）统计量来构造原假设成立的渐近有效置信区间"接收域"。对于单门限、双门限和三面板门限回归模型，检验的原假设分别为 H_0（不存在门限值）、H_1（只存在一个门限值）、H_2（存在两个门限值）。本文先进行门限效应检验，并将门限检验值设为三个，判断门限效应的存在性。门限效应检验结果如表 3、表 4 所示，门限值极大似然估计（LR）检验（见图 2）。

表 3　　　　　　　　　　门限效应检验结果（一）

核心解释变量：RR 门限变量：LIQ	F 值	P 值	10% 显著性水平 F 值临界值	5% 显著性水平 F 值临界值	1% 显著性水平 F 值临界值
单门限检验	32.46	0.0000	10.8688	14.0199	18.3991
双门限检验	6.74	0.4467	12.4959	15.4265	24.1862
三门限检验	8.75	0.5700	22.4849	25.2465	32.2695

注：F 统计量的 P 值是通过次数为 10000 的 Bootstrap 获得的（下同）。

如表 3 所示，以法定存款准备金率 RR 为货币政策代理变量、流动性比率 LIQ 为门限变量的模型中，单门限检验下由自举法（Bootstrap）得到的与 F 值相对应的 P 值为 0.0000，在 1% 的显著性水平下显著；双门限和三门限检验下该 P 值分别为 0.4467 和 0.5700，在 10% 的显著性水平下均不显著。由此可知，在 1% 的置信水平下，该模型存在门限效应，且只有一个门限值。

表 4　　　　　　　　　　门限效应检验结果（二）

核心解释变量：RATE 门限变量：LIQ	F 值	P 值	10% 显著性水平 F 值临界值	5% 显著性水平 F 值临界值	1% 显著性水平 F 值临界值
单门限检验	31.56	0.0000	11.2300	13.8304	19.8214
双门限检验	4.14	0.7233	11.1882	13.7409	18.7168
三门限检验	7.64	0.4600	17.9704	23.7758	35.8266

如表4所示，以一年期贷款基准利率 RATE 为货币政策代理变量、流动性比率 LIQ 为门限变量的模型中，单门限检验下由自举法（Bootstrap）得到的与 F 值相对应的 P 值为 0.0000，在1%的显著性水平下显著；双门限和三门限检验下该 P 值分别为 0.7233 和 0.4600，在10%的显著性水平下均不显著。由此可知，在1%的置信水平下，该模型存在门限效应，且只有一个门限值。

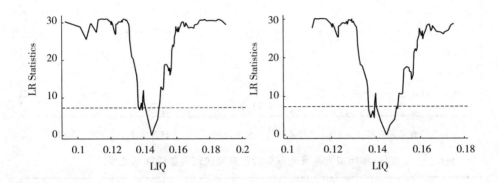

图2　门限值极大似然估计检验图

在图2中，横轴为门限变量流动性比率 LIQ，纵轴为 LR 值，虚线为95%的显著性参考线。左图是以法定存款准备金率 RR 为货币政策代理变量的模型的门限检验图，右图是以一年期贷款基准利率 RATE 为货币政策代理变量的模型的门限检验图。图中曲线落入参考线以下的部分说明门限值显著存在，且均为单门限。

（二）模型估计结果及分析

为更进一步分析流动性约束对货币政策的银行风险承担渠道的影响，根据以上门限效应的检验结果，本章构建单面板门限回归模型进行估计，回归结果见表5、表6。

表 5　　　　以法定存款准备金率为货币政策代理变量的回归结果

以流动性比率 LIQ 作为门限变量		
解释变量	回归系数	稳健标准误
GW	2. 0504 (3. 85) ***	0. 5330
House	0. 1760 (2. 98) ***	0. 0590
Shadow	0. 0712 (7. 99) ***	0. 0089
RR × (LIQ ≤ 14. 47%)	− 2. 5871 (− 6. 25) ***	0. 4142
RR × (LIQ > 14. 47%)	− 2. 3243 (− 5. 85) ***	0. 3973

注：*** 代表显著性水平为 1%；** 代表显著性水平为 5%；* 代表显著性水平为 10% （下同）。

表 6　　　　以一年期贷款基准利率为货币政策代理变量的回归结果

以流动性比率 LIQ 作为门限变量		
解释变量	回归系数	稳健标准误
GW	2. 4745 (4. 59) ***	0. 5394
House	0. 3595 (4. 93) ***	0. 0729
Shadow	0. 0636 (8. 63) ***	0. 0074
RATE × (LIQ ≤ 14. 69%)	− 8. 5087 (− 6. 92) ***	1. 2305
RATE × (LIQ > 14. 69%)	− 7. 8119 (− 6. 53) ***	1. 1954

　　通过表 5、表 6 可以发现，总体来看，在以法定存款准备金率 RR、一年期贷款基准利率 RATE 分别为货币政策代理变量的模型中，法定存款准备金率和一年期贷款基准利率的变动对银行风险承担的影响均显著为负，即宽松货币政策可能提高银行的风险承担，这一结论也与大多

数研究相符（方意等，2012；Dell' Arricia 等，2013）。从控制变量来看，GDP 年增长率和房地产投资年增长率对银行风险承担呈显著正相关，这与郭丽丽和李勇（2014）得到的结论一致。影子银行的发展对银行风险承担同样具有显著正效应，也与胡利琴等（2016）得到的结论一致。

进一步分析可以发现，流动性约束对于货币政策的银行风险承担渠道确实存在门限效应，且银行的货币政策传导的敏感性随着流动性水平的提高而减小。以法定存款准备金率为货币政策代理变量时，当流动性比率低于 14.47% 时，法定存款准备金率的系数为 -2.5871；而流动性比率高于 14.47% 时，法定存款准备金率的系数为 -2.3243。以一年期贷款基准利率为货币政策代理变量时，当流动性比率低于 14.69% 时，一年期贷款基准利率的系数为 -8.5087；流动性比率高于 14.69% 时，一年期贷款基准利率的系数为 -7.8119。

（三）稳健性检验

为了保证结果的可靠性，本章从三个方面对实证结果进行稳健性检验[①]：首先，为避免内生性问题，本章采用内生解释变量的滞后一期作为工具变量，并运用 GMM 方法进行估计，在 10% 的显著性水平上通过 Hansen Test 的过度识别检验。其次，我们从样本中剔除国有银行（工商银行、中国银行、建设银行和交通银行），对剩下的上市银行重新进行估计，发现与原样本回归结果相似，门限值略有提高，两个货币政策代理变量的回归系数的绝对值均略有增大，这也与江曙霞和陈玉婵（2012）所得的实证结果一致。我们认为该结果可归因于规模差异，即中小型股份制银行、城市商业银行和农村商业银行的资金来源相对匮乏，对于货币政策的变动更为敏感。最后，采用不良贷款率 NPL 作为银行风险承担代理变量重新进行门限估计，也印证了以上大部分

---

① 囿于篇幅，稳健性检验结果不再具体列示。

结论。

六、结论与政策建议

本章基于面板门限回归模型，对流动性约束下货币政策对银行风险承担的门限效应进行了检验，得到了如下结论：一是货币政策对银行风险承担的影响显著为负相关，但流动性约束对该影响存在门限效应。具体来看，当银行流动性较为充裕，即流动性风险较低时，货币政策敏感性较低，此时多采用紧缩的货币政策，但银行风险承担上升较慢；当银行流动性水平较低，即流动性风险较高时，货币政策敏感性较高，即实施宽松的货币政策时，银行风险承担上升较快。二是宏观经济环境、房地产市场状况及影子银行的发展都会对货币政策的银行风险承担渠道产生影响。其中，良好的宏观经济形势会激发银行风险承担，可以认为这是"习惯形成路径"机理作用的结果；房地产业的快速发展同样会扩大银行的风险承担，当前银行信贷向房地产市场过度集中正是形成这一风险承担的主要来源；同时，影子银行的爆发式增长，将放大商业银行的风险承担，影响货币政策的有效性。

银保监会于2015年9月发布了修改后的《商业银行流动性风险管理办法（试行）》，这标志着我国银行业进入流动性约束的新阶段，流动性约束将对货币政策的银行风险承担渠道产生实质性的影响，影响货币政策的有效性。为了提高货币政策传导的有效性，基于本章面板门限回归模型的检验结果，我们提出以下政策建议：

一是识别和监测影子银行，防范影子银行对货币政策的过度传导。在正规金融体系受到较为严格监管的情况下，我国影子银行体系一度呈现爆发式增长的局面，在替代正规金融体系提供融资需求的同时，也为金融体系埋下了巨大的风险隐患。模型结果也显示，影子银行与正规金融体系是相互交织的，在货币政策传导渠道中，影子银行的规模对银行的风险承担存在正向作用。也即，当经济下行，实施宽松的货币政策时，大规模影子银行体系会加大银行体系的风险承担，从而进一步推升整个金融体系的风险。因此，有效的识别和监测影子银行，分析影子银行对正规金融体系所产生的影响，将影子银行体系阳光化，是制定行之有效的货币政策的前提条件，有利于调节货币政策使其在实现货币政策目标的同时有效控制金融风险。

二是结合银行的微观流动性状况，防范流动性约束对货币政策的稀释作用。保持充足的流动性水平，既是银行满足流动性约束的监管外在要求，也是银行实现可持续经营的内在基础。然而，模型结果显示，银行的微观流动性状况，决定了银行风险承担的程度，从而影响了银行作为金融中介对货币政策的传导效力。因此，在制定行之有效的货币政策时，不仅要关注 M2 等宏观流动性指标，也应将流动性比例、流动性覆盖率等表征银行微观流动性状况的金融监管指标纳入考量中，如果银行微观流动性水平较低，在制定宽松货币政策时就不宜释放过多的宏观流动性，防止银行承担的风险提升过快，从而推动资产价格的迅速上涨，进而带来更多的金融风险隐患。

三是制定逆周期调整的金融监管政策，在维护金融稳定中充分考虑经济周期的波动。银行业的经营自身就带有顺周期效应，"一刀切"式的金融监管标准将进一步加剧这一顺周期效应。从资本约束的视角来看，经济状况下行时，银行的惜贷行为将加剧经济的下行，而资本约束将导致银行更加惜贷，这也是在货币政策传导中存在门限效应的重要原因之一。因此，在建立金融监管规则时，也应充分考虑金融周期的波动，在经济周期上行阶段实施更加严格的金融监管，防范风险的集聚，在经济周期下行阶段实施更加宽松的金融监管，给银行释放更多的调整空间。

第六章　银行业转型背景下的
货币政策与金融监管协调研究[①]

经济步入新常态以来，宏观流动性过剩而微观流动性紧张的"钱荒"多次出现，货币政策和金融监管的协调日益重要。货币政策的实现需要通过银行等金融机构进行传导，其传导过程是伴随着金融机构以追求自身利润最大化为目的而开展的经营活动实现的，而该经营活动还同时受到金融监管的约束。因此从政策制定的角度来看，货币政策和金融监管的协调及有效性依赖于金融机构自身的经营活动。近年来，伴随着经济金融体制改革的不断深化和社会经济的不断发展，金融脱媒现象加速显现，银行经营模式逐步从传统的存贷款业务为主转向中间业务、表外业务与存贷款业务并举。银行追逐利润方式的变化带来了两个方面的影响：一方面，新的信用创造渠道产生了新的货币政策传导机制；另一方面，创新业务作为监管套利的产物，形成了部分监管真空，使部分银行经营活动游离于金融监管之外，在这两个方面的共同作用下，货币政策和金融监管的协同效应必然会受到影响。因此，在银行转型的背景下明晰货币政策与金融监管的协调机制十分关键，这不仅对货币政策和金融监管的政策制定具有指导意义，也有利于从两者相协调的角度控制金融体系的系统性风险。

---

① 本文与姚舜达合作发表于《金融经济学研究》2017 年第 5 期。

一、文献综述

货币政策、金融监管与银行经营三者间的关系错综复杂。要明晰在银行业转型背景下货币政策与金融监管应如何协调，首先应分别厘清银行经营模式的转变如何影响货币政策的传导、金融监管的调整如何影响商业银行的经营以及商业银行经营效率的测度与其影响机制。

（一）货币政策的传导机制

货币政策的传导机制是指中央银行选择一定的货币政策工具，基于各种渠道并通过中介目标的变化实现货币政策最终目标的传导过程（Miron 等，1994）。总体来说，影响货币政策传导效果的内部因素主要是渠道的选择和中介目标的界定；外部因素主要有经济环境、金融体系的完善程度、金融机构的市场化程度等（贾丽平，2015）。银行的经营模式对货币政策传导的影响是学者们关注的重点之一。Meltzer（1995）指出，随着金融脱媒的步伐加快，货币政策以信贷规模作为中介目标的传导效率有减弱之势；蒋瑛琨等（2005）则认为信贷规模在我国对物价和产出的影响较 M2 更强；吴培新（2008）进一步提出信贷规模与 M2 可同时作为中介目标。此外，Bernanke 和 Blinder（1992）指出，银行自身的资产结构也会影响货币政策的传导效果。与此相对，盛松成（2013）、郭丽虹等（2014）、王振和曾辉（2014）发现银行表外业务对货币政策传导的影响力在增强。综合上述，一方面，银行表外业务的快速发展使其存款出现分流现象，故对 M2 的界定也需要随之调整（宋军，2014）；另一方面，银行经营模式的创新会引起自身资产结构发生改变，同时表外业务对银行贷款有着一定程度的替代作用，信贷规模的有效性大大降低（孙国峰和贾军怡，2015）。

（二）金融监管的约束机制

在 2008 年国际金融危机爆发之前，银行传统监管框架以资本监管为代表。然而，资本监管是否能够有效提高银行的经营效率一直以来存在争议。Berger 等（2006）发现资本监管促进了银行内部信息的使用，提高了经营效率；Pasiouras（2006）在得出资本约束的强弱与银行经营效率呈正相关的结论后，进一步探索其原因，发现资本监管是通过改变银行的投入产出比来影响经营效率（Pasiouras 等，2009）；Chortareas 等（2012）指出在资本约束下，银行的风险厌恶敏感性会增强，进而提高经营效率与绩效。对此，另一些学者持有相反观点。Barth 等（2004）通过实证分析发现资本监管与银行经营效率之间不存在明显的相关性；Vanhoose（2007）认为严格的资本约束会激发银行表外业务对贷款的替代效应，从而影响银行体系的稳定性；陆静（2011）指出资本监管会在一定程度上阻碍银行弥补资本缺口，降低经营效率；黄国平（2014）进一步指出，资本监管的要求应控制在金融机构愿意承受的范围内，否则可能会引发监管套利行为。

2008 年国际金融危机后，巴塞尔Ⅲ的出台提出了流动性监管要求，引起了学界的高度关注。与资本监管类似，流动性监管对银行效率的影响同样存在两种截然不同的观点。Best 和 Sprinzen（2010）认为适度的流动性监管有助于提高银行的经营效率；但 Härle 等（2010）却指出，流动性监管会导致银行融资成本增加，从而使盈利水平下降。Neri（2012）、King（2013）、Dietrich 等（2014）均通过实证分析得出流动性监管不利于银行盈利水平的提高。国内学者目前对于流动性监管对银行自身经营影响的研究较少。巴曙松等（2014）提出我国应实行差异化的流动性监管，避免产生监管空白；隋洋和白雨石（2015）则认为流动性监管可以激发银行体系的良性竞争，理性放贷。

同时还应看到，银行的创新经营模式对资本和流动性监管带来了巨大挑战。我国商业银行的表内外资产结构调整与扩张，究其本质为监管套利与资金套利（巴曙松和王月香，2017）。即资本与流动性的双重约束无法全面覆盖银行日益壮大的表外理财、同业投资业务，产生了一定程度的监管空白。鉴于此，宏观审慎评估体系（MPA）应运而生。

连平等（2017）的研究报告认为，MPA 监管虽使银行表外理财业务增长放缓，但对委外业务的重视程度可能会提高；易会满（2017）则指出，目前我国商业银行资产结构"偏重"，重构资产负债表势在必行。

（三）银行经营效率测度及其影响机制

众所周知，商业银行的经营过程是以追求自身利润最大化而展开的。Demsetz（1973）提出的效率结构假说（ES），认为经营效率与市场集中度存在正相关性。Brozen（1984）将该假说进一步深入，发现经营效率的提高可以产生超额利润，而市场集中度的扩大仅仅是经营效率提高带来的其中一个结果而非原因。Berger（1995）将效率结构假说细分为"规模效率结构假说"（RES）和"相对效率结构假说"（SES）。其中，相对效率结构假说关注经营效率与超额利润之间的关系。国外的研究中，Joaquin Maudos（1998）、Kang 和 Weber（2006）、Seelanatha（2010）分别发现西班牙、阿联酋、韩国和斯里兰卡的银行业支持相对效率结构假说；Chortareas 等（2011）将相关研究进行了总结，发现大部分观点均支持效率结构假说。国内的研究中，高蓉蓉和吴敏（2014）研究发现我国的股份制商业银行适用于相对效率结构假说；章添香等（2016）也承认相对效率结构假说在我国银行体系内的合理性。银行经营效率的测度主要通过比较银行在各项经营活动中投入与产出的量化关系。学界对于银行经营效率的研究发展主要集中在以下三个方面：一是参数法与非参数法之辨；二是传统 DEA 方法的优化；三是打开"黑箱"的突破。

目前对于银行经营效率影响因素的考量大多集中在银行内部的微观层面，而针对宏观经济环境以及制度监管层面对经营效率影响的研究较少。以银行异质性作为影响因素的研究中，学者们主要关注资本水平、流动性水平、股权结构等要素。Boucinha 等（2013）认为，银行资本水平过高对其经营效率具有负效应。Thilo Pausch（2013）指出，银行流动性水平过高也会削弱其经营效率。在宏观经济环境方面，王聪和谭政勋（2007）、李成等（2015）发现实施宽松的货币政策对银行经营效率具有正向效应。制度监管对于银行经营效率的影响存在不同观点。Ariff 和 Can（2008）认为资本充足率的提高会削弱银行的经营效率；赵永乐和王均坦（2008）则持相反观点。孙秀峰和迟国泰（2010）则认为两者间不存在显著影响关系。傅强等（2016a）发现流动性比例的提高对银行经营效率的负效应呈边际递增的趋势；胡海峰和武鹏（2016）则得出了相反结论。本章将在上述文献的研究基础上，重点分析货币政策与金融监管的双重约束对银行经营效率的影响。

二、货币政策与金融监管的协调机制

根据上述文献梳理可以看出，商业银行在由传统经营模式转向创新经营模式的过程中为货币政策的传导带来了新的思路，同时金融监管在此过程中也在实现自我成长，不断完善适应现代金融市场的监管框架。在此基础上，本章先进行理论分析以揭示在我国商业银行传统经营模式和创新经营模式下货币政策与金融监管的协调机制及其调整路径。

（一）传统经营模式下的货币政策与金融监管协调机制

本章构建了在商业银行传统经营模式时期货币政策与金融监管的协调机制（见图 1），货币政策通过货币政策传导渠道作用于商业银行而发挥政策效力，金融监管通过监管指标约束影响商业银行的经营行为，商业银行自身在货币政策的大环境和金融监管的约束下追求经营效率，从而实现利润最大化。从货币政策的传导来看，传统的货币政策传导渠道分为货币渠道和信贷渠道[①]。在货币渠道中，假设金融市场信息充分且利率具有完全弹性，可以通过商业银行直接影响消费、投资、出口等；在信贷渠道中，假设金融市场信息不充分且银行贷款不可代

---

① 这种划分方式是基于商业银行的资产负债视角。

替，商业银行通过改变信贷供给间接影响实际经济变量。从金融监管的约束来看，传统的金融监管约束以资本充足率监管为主，在 2008 年国际金融危机后逐渐纳入流动性监管，形成双重约束格局。在资本充足率监管下，商业银行更加关注资产的信用风险和市场风险，由此改变其风险偏好和资金成本，从而影响资产配置和信贷行为；在流动性监管下，商业银行则更加关注资产的流动性风险，表现在微观层面流动性配置受限、宏观层面鼓励保持短期流动性达标，从而影响贷款规模。

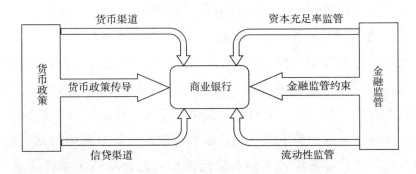

图 1　传统经营模式下的货币政策与金融监管协调机制

（二）创新经营模式下的货币政策与金融监管协调机制

在银行创新经营模式下，传统的货币政策传导渠道有效性受到挑战，货币可绕过商业银行通过影子银行等新型信用工具对宏观经济乃至实体经济产生影响，长期使用的货币政策中介目标逐渐缺乏调控意义；金融监管也存在较多的空白有待完善，货币政策与金融监管的协调呈现新的要求。一方面，创新经营模式改变了货币政策传导渠道的稳定性。在创新经营模式下，货币政策传导货币渠道中的货币供应量在理论上可以根据实际需要进行无限次划分，具备自我修正的特点；信贷渠道中贷款不可替代的假设逐渐被打破，伴随银行创新经营模式下的风险非中立性，货币政策的银行风险承担渠道同时发挥作用，放大了信贷渠道的传导效果。此外，传统货币政策的中介目标信贷规模等指标有效性也受到挑战。另一方面，创新经营模式减弱了金融监管的约束，形成了部分监管真空地带。虽然面临大量的金融创新，金融监管的发力点正转向银行（特别是股份制商业银行）的表外部分。但是在政策执行中，仍旧存在部分产品"隐性"刚性兑付依然存在、统计归类错误、最终投向不明、未充分计提资本等监管空白。金融监管对金融机构的约束力度随着创新和监管的博弈而不断变化。

三、研究设计

参考 Seiford 和 Zhu（1999）的研究思路，本章在商业银行传统经营模式的基础上引入创新经营战略，即构建两套经营效率评价体系。目前学界对于存款在银行经营中的定位存在不同观点，一类认为存款应被视为银行发挥中介功能将存款转化为贷款过程中的投入变量；另一类则认为存款是种产出，即将存款定位为银行对外提供服务的产品。鉴于此，本章将存款视为中间产出，赋予存款在经营过程中的双重角色。本章构建了传统经营模式下的两阶段模型：首先将商业银行"融资—放贷—收入增长—再融资"的传统经营模式分为人力与资本投入—存款产出、存款投入—利润产出两个阶段，即第一阶段，商业银行主要投入人力、固定资产和所有者权益等要素，所吸纳的存款视为第一阶段的产出；第二阶段，将所吸收的存款进行投入，产出主要包括因贷款和各类投资产生的收入和所得利润。

本章试图捕捉 MPA 体系中将表外理财纳入广义信贷后的银行"轻型化"[①] 经营趋势，故将表外理财也视作中间产出，即将上述经营过程中第一阶段产出和第二阶段投入中增添表外理财，同时在第二阶段的产出中增添表外理财的相应收入。因此，在创新经营模式下的两阶段模型中，将商业银行的创新经营模式分为人力与资本投入—表内存款与表外理财产出、表内存款与表外理财投入—表内利润与表外利润产出

---

① 在银行 3.0 时代到来之际，"轻型化"银行的经营理念受到普遍认同，具体表现在表外资产增速高于资产负债表增速，非利息收入占比不断增加。

两个阶段，即中间业务、表外业务与存贷款业务并举。

（一）效率评价模型选择

在效率评价模型的选择中，参数法与非参数法的选择尤为关键。从两种方法的优劣性来看，参数法需要事先设定准确的效率测度函数，这对实际运用设置了不小的障碍。而非参数法则不需设定函数形式，且可以自主选择多项投入产出指标。因此，本章拟采用非参数法进行研究。然而，非参数法也存在诸多不足，一是指标选取、数据自身带有的偶然因素可能会造成结果有偏；二是对测度出的结果难以进行显著性检验；三是非参数法较参数法而言可能会低估决策单位的效率值。对于以上不足，本章试图采取相应手段进行解决。对于第一个问题，在指标选择上将参考之前大多数学者的研究文献，在数据处理上先进行异常值的判别与剔除，再进行不变价处理；对于第二个问题，通过非参数法测度出结果后，将进行多元回归分析其影响因素；对于第三个问题，为了更加符合银行的实际经营过程，将银行的经营过程分成两个阶段并引入非期望产出。

（二）投入产出评价体系设计

投入产出指标的选取是运用非参数法（DEA）进行效率评价时最为关键的步骤之一，不同的评价指标体系会直接导致评价结果的差异。鉴于此，本章以"银行效率"并含"DEA"作为关键词联合检索文献，在SCI、EI 和 CSSCI 三个来源检索出 2000 年至 2016 年的中文文献共 266 篇，并从中选出被引次数排名前 50 的文献；同时在 SSCI 来源中检索出 2000 年至 2016 年相关外文文献 169 篇，同样选出被引次数排名前 50 的文献。

对这 100 篇文献中投入产出指标的选择进行了梳理，约有 76% 的文献在选择投入产出指标时参考了中介法或与之结合的方法，故本章也利用中介法①选择投入产出指标。同时，结合文献中的指标选择并考

---

①　Sealey 和 Lindley 在 1977 年提出了中介法，即将商业银行视为存款者与贷款者之间的中介。

虑数据可得性，在满足 *DEA* 方法对投入产出指标的经验法则①的基础上，本章对于传统经营模式第一阶段的投入指标选择应付职工薪酬（Salary）、固定资产（PPE）和所有者权益（OE）三项；中间产出指标选择吸收存款（Deposit）；第二阶段的产出指标选择利息收入（IR）、净利润（NP）和不良贷款额（NPL）三项。在"轻型化"经营下，中间产出指标增添表外理财业务量（OBS）；第二阶段的产出指标增添非利息收入（NII）。需要说明的是，不良贷款额（NPL）反映了商业银行的风险承担，在这里作为一项"非期望产出"。非期望产出不同于期望产出"多多益善"的定义，它不可避免且需要严格控制。同时，将加权风险资产（RWA）作为非期望产出的稳健性辅助变量。

（三）影响因素变量设计

本章试图研究货币政策与金融监管的相互协调对商业银行不同经营模式下的效率的影响机制。在核心解释变量方面，对于货币政策，本章引入反映货币政策特征的哑变量 Policy，即当货币政策处于紧缩状态时取 0，否则取 1。对于样本区间 2009 年至 2015 年，参考饶品贵和姜国华（2011，2013）的观点，即我国 2009 年至 2011 年采取紧缩的货币政策，2012 年至 2013 年则采取了宽松的货币政策。对于 2014 年至 2015 年，通过观察中国人民银行公布的一年期存款基准利率的下降走势来看，同样理解为采取了宽松的货币政策。在金融监管代理变量的选择上，参考银保监会的相关管理办法，选择资本充足率（CAR）和流动性比例（LR）作为主要代理变量。由于对商业银行的资本和流动性监管均设有"红线"，为了更好地体现金融监管对银行经营过程的约束，本章对这两个指标进一步处理，即 CAR _ FR 和 LR _ FR。为了更好地体现出货币政策与金融监管的交互作用，本章构造了三个交乘项：Policy × CAR _ FR、Policy × LR _ FR 和 Policy × CAR _ FR × LR _ FR。其

---

① 根据 Charnes 经验法则，样本数 Y 与投入产出指标个数间应满足关系：$Y \geqslant Max\{2(M+N),$ $M \times N\}$。本章商业银行经营效率评价的第一、第二阶段均符合该经验法则。

中，Policy×CAR_FR 反映宽松货币政策下对银行资本水平的真实约束，Policy×LR_FR 反映宽松货币政策下对银行流动性水平的真实约束，Policy×CAR_FR×LR_FR 则反映宽松货币政策下对银行资本与流动性的双重约束。控制变量方面，本章主要从宏观经济状况和银行微观特征的角度进行考虑，选择人均国民生产总值（PGDP）和通货膨胀率（INFI）反映宏观经济状况，其中将通货膨胀率（INFI）作为稳健性检验的辅助变量检验模型内生性；选择总资产净利率（ROA）反映银行的盈利能力；定义市场势力（Market）指标验证我国银行规模与经营效率之间的关系是否符合"平静生活假说"（QL）。

（四）样本选择和数据来源

本章选择的样本为我国 A 股上市的 16 家银行，包括工商银行、农业银行、中国银行、建设银行、交通银行、中信银行、招商银行、光大银行、华夏银行、民生银行、兴业银行、平安银行、上海浦东发展银行、北京银行、南京银行和宁波银行。本章采用这 16 家银行 2009 年至2015 年的年度数据进行分析，共 1 904 个数据。在期限选择上，主要基于以下三个方面的考量：一是大部分上市银行从 2009 年才开始公布完整的财务数据；二是随着银行 3.0 时代的到来，银行传统经营模式亟待突破，以实现轻型化的转型；三是金融危机之后，伴随巴塞尔协议Ⅲ出台逐渐形成的资本与流动性的双重约束在不同的货币政策环境下对银行经营效率产生的影响是本章关注的重点。本章银行财务数据主要来源于国泰安数据库、Wind 数据库以及各家银行公开披露的年报；货币政策代理变量数据、宏观经济特征数据来源于中国人民银行网站、国家统计局网站。

四、超效率分析框架与多元回归模型

（一）两阶段超效率 SBM 模型分析框架

根据上述研究设计，借鉴 R. B. Staub，等（2010）和周逢民等

（2010）的评价模型并加以改进，构建针对测度银行经营效率的两阶段超效率 SBM 模型分析框架。假设总共评价 N 家银行的经营效率，$j=1$，2，$\cdots$，N，经营时期用 t 表示，$t=1$，2，$\cdots$，T。每家银行的经营包含两个阶段，第一阶段利用投入 $x_j^t \in R_+^M$ 产出中间产品 $z_j^t \in R_+^P$，第二阶段将中间产品作为投入，得到期望产出 $y_j^t \in R_+^Q$ 与非期望产出 $u_j^t \in R_+^L$。假设以上两个阶段相互关联且同时发生。在规模效率可变（VRS）的假设下，t 期的生产可能性集合（PPS）为

$$PPS^t = \{(x_j^t, z_j^t, y_j^t, u_j^t)\}$$

其中，有四种常用的方式①来处理环节间的连接，本章选择自由决定（Free Link）LF 方式以保持投入与产出的连贯性。基于上述生产可能性集合，对于银行 (x_j, z_j, y_j, u_j) 的超效率 SBM 模型的数学表达为②

$$\theta = \min(1 - \frac{1}{M}\sum_{m=1}^M \frac{s_m^x}{x_{mj}})/[1 + \frac{1}{Q+L}(\sum_{q=1}^Q \frac{s_q^y}{y_{qj}} + \sum_{l=1}^L \frac{s_l^u}{u_{lj}})] \quad(1)$$

其中，θ 为综合效率评价，s_m^x、s_q^y 和 s_l^u 分别为投入松弛、产出松弛与非期望产出松弛。

（二）面板 Tobit 多元回归模型设计

通过超效率 SBM 模型测度出的商业银行经营超效率（SEFF）均大于零，且为典型的受限（Censored）变量。将 SEFF 作为被解释变量，若使用传统的线性回归，很可能会使参数估计有偏。因此，针对受限因变量的面板 Tobit 多元回归模型是比较理想的选择。由于面板 Tobit 模型又分为固定效应、随机效应和混合效应三种，考虑到本章的数据量有限且属于典型的短面板，一是无法进行条件最大似然估计，二是若直接引入个体虚拟变量，可能会使固定效应估计有偏（程广斌和龙文，

---

① 四种方式分别为 Good link（LG）、Bad link（LB）、Free link（LF）和 Non – discretionary link（LN）。

② 囿于篇幅，模型约束条件此处省略。

2017）。鉴于此，本章选择随机效应的面板 Tobit 多元回归模型进行影响因素分析，计量模型设计如下：

$$SEFF_{it}^* = \alpha_0 + \beta_1 Policy_{it} + \beta_2 CAR\_FR_{it} + \beta_3 LR\_FR_{it} + \beta_4 Policy_{it} \times CAR_{FR_{it}} +$$

$$\beta_5 Policy_{it} \times LR\_FR_{it} + \beta_6 Policy_{it} \times CAR\_FR_{it} \times LR\_FR_{it} + \sum control + \varepsilon_{it}$$

$$(2)$$

$$SEFF_{it} = \begin{cases} SEFF_{it}^*, if & 0 < SEFF_{it} \leqslant SEFF_{max} \\ 0, if & SEFF_{it} < 0 \\ 0, if & SEFF_{it} > SEFF_{max} \end{cases}$$

其中，$SEFF_{it}$ 为银行经营超效率的观察值，i 表示横截面单位（银行），t 表示年份；α_0 为常数项，β_k 为待估计参数，k 为参数个数。ε_{it} 为复合误差项，$\varepsilon_{it} = u_i + e_{it}$。

五、实证结果分析

（一）商业银行两种经营模式的超效率评价

通过 DEA – SOLVER Pro 软件对模型（1）进行处理，实现对 2009 年至 2015 年我国 16 家 A 股上市银行两种经营模式的超效率测度。总体来看，在样本期内我国 16 家 A 股上市银行在传统经营模式和创新经营模式下的平均效率分别约为 0.89 和 0.91，虽没有进入效率前沿面，但可以看到在创新经营模式下的经营效率总体有所提升。从各年的平均效率来看，传统经营模式均没有进入效率前沿面，而在创新经营模式下仅有 2015 年进入效率前沿面。

（二）货币政策与金融监管的协调性影响分析

经单位根检验和处理平稳后，为了更好地体现货币政策与金融监管的交互作用，同时排除多重共线性的影响，本章在维持控制变量不变的情况下依次引入核心解释变量及其交乘项以考察模型（2）稳健性，同时将不同经营模式下的效率评价结果分别作为被解释变量，四个考察方程如下：

方程一：$SEFF_{1it}^{*} = \alpha_0 + \beta_1 Policy_{it} + \beta_2 CAR\_FR_{it} + \beta_3 Policy_{it} \times CAR\_FR_{it} + \sum control + \varepsilon_{it}$

方程二：$SEFF_{1it}^{*} = \alpha_1 + \beta_4 Policy_{it} + \beta_5 LR\_FR_{it} + \beta_6 Policy_{it} \times LR\_FR_{it} + \sum control + \varepsilon_{it}$

方程三：

$SEFF_{1it}^{*} = \alpha_2 + \beta_7 Policy_{it} + \beta_8 CAR\_FR_{it} + \beta_9 LR\_FR_{it} + \beta_{10} Policy_{it} \times CAR\_FR_{it} \times LR\_FR_{it} + \sum control + \varepsilon_{it}$

方程四：

$SEFF_{2it}^{*} = \alpha_3 + \beta_{11} Policy_{it} + \beta_{12} CAR\_FR_{it} + \beta_{13} LR\_FR_{it} + \beta_{14} Policy_{it} \times CAR\_FR_{it} \times LR\_FR_{it} + \sum control + \varepsilon_{it}$

通过 Stata13.1MP 分别进行处理，得到基于模型（2）的回归方程一至方程四的回归结果，如表 1 所示。

表 1　　　　　　　　商业银行经营超效率影响因素的回归结果

解释变量	以 SEFF$_1$ 为被解释变量			以 SEFF$_2$ 为被解释变量
	方程一	方程二	方程三	方程四
Policy	0.0689	0.1763	0.1466	0.0824
	(0.3953)	(0.1341)	(0.1208)	(0.1404)
CAR_FR	−0.1472		−0.1985	−0.1529
	(0.0637)**		(0.0673)**	(0.0782)**
LR_FR		−0.0683	−0.0419	−0.0258
		(0.0361)**	(0.0345)**	(0.0400)**
Policy×CAR_FR	0.0346			
	(0.0230)*			
Policy×LR_FR		0.1284		
		(0.0532)*		

续表

解释变量	以 SEFF$_1$ 为被解释变量			以 SEFF$_2$ 为被解释变量
	方程一	方程二	方程三	方程四
Policy × CAR _ FR × LR _ FR			− 0.0381	− 0.0132
			(0.0144) ***	(0.0100) *
PGDP	0.6428	0.6810	0.5746	0.6639
	(0.2211) ***	(0.1796) ***	(0.2143) ***	(0.1997) ***
ROA	0.3801	0.2799	0.4270	0.5357
	(0.1331) ***	(0.1263) **	(0.1375) ***	(0.1599) ***
Market	− 0.4395	− 0.3769	− 0.4279	0.1762
	(0.2207) **	(0.2200) **	(0.2128) **	(0.2477)
常数项	− 5.4949	− 5.9411	− 4.8247	− 5.0560
	(2.3630) **	(1.9531) **	(2.2449) **	(2.1900) **
s$_u$	0.0232	0.0227	0.0336	0.0258
	(0.0255) ***	(0.0382) ***	(0.0272) ***	(0.0398) ***
s$_e$	0.1653	0.1654	0.1592	0.1850
	(0.0123) ***	(0.0124) ***	(0.0119) ***	(0.0138) ***
Wald − X^2	(28.04) ***	(27.91) ***	(37.25) ***	(27.39) ***

注：括号内数值为稳健标准误；＊＊＊代表显著性水平为1%；＊＊代表显著性水平为5%；＊代表显著性水平为10%。

根据表1的回归结果，总体来看，四个方程的 Wald − X^2 值均在1%的显著性水平下十分显著，说明模型整体拟合程度较好。同时个体效应标准差 s$_u$ 和干扰项标准差 s$_e$ 均在1%的显著性水平下显著，可以判断出个体效应的存在性，即选择随机效应的面板 Tobit 模型是合理的。控制变量结果表明，良好的宏观经济面有利于提升银行经营效率，与刘孟飞和张晓岚（2013a）结论一致；银行微观特征代理变量结果表明，银行盈利能力的提升对其经营效率具有显著正效应，与王文卓（2013）、傅强等（2016b）的结论一致；市场势力 Market 的回归系数在方程四中出现了由负值到正值的反转且不显著，说明传统经营下的

"平静生活"逐渐被打破,同时在"轻型化"战略下银行经营效率与规模大小有"脱钩"之势。

从方程一的结果来看,银行的资本水平对其经营效率具有显著负效应,即资本水平较高的银行经营效率越低;货币政策与真实资本约束交乘项的回归系数为正值且在 10% 的显著性水平下显著,说明在宽松的货币政策环境下,资本水平较高的银行效率会更高。结合实际情况来看,宽松货币政策的实施往往伴随着经济的下行,这时资本状况较好的银行受到资本监管的压力越小,此时有更多空间开展经营活动,经营效率更高。从货币政策和金融监管协调的角度来看,经济下行阶段,如果实施了宽松的货币政策,单一的资本约束将有助于银行提升经营效率。

从方程二的结果来看,银行的流动性水平对其经营效率也具有显著的负效应,即流动性水平越高的银行经营效率越低;货币政策与真实流动性约束交乘项的回归系数为正值且在 10% 的显著性水平下显著,说明在宽松的货币政策环境下,流动性水平较高的银行效率会更高。当实施宽松的货币政策时,流动性状况较好的银行受到流动性监管的压力较小,可以更好地实施综合化经营,提升经营效率。从货币政策和金融监管协调的角度来看,在经济下行阶段,如果实施了宽松的货币政策,单一的流动性约束亦有助于银行提升经营效率。

从方程三、方程四的结果来看,银行资本水平与流动性水平对经营效率的单独影响没有发生方向性反转,稳健性较好。但需要注意的是,方程三中货币政策与金融监管(资本与流动性双重约束)交乘项的回归系数为负值,且在 1% 的显著性水平下显著,一改方程一、方程二中单一约束时的正值表现,可以认为在宽松的货币政策下,资本较充足且流动性较好的银行反而经营效率较低。换句话说,在经济下行阶段,当央行采取宽松货币政策时,资本水平较高的银行或流动性水平较高的银行具有较高的经营效率,但是如果银行资本水平和流动性水平同时处于较高水平,则可能面临较低的经营效率。从货币政策和金融监管协调的角度来看，在经济下行阶段实施宽松货币政策的同时，资本和流动性监管的双重约束对提升银行传统经营模式下的效率是有利的。在方程四中，货币政策与金融监管（资本与流动性双重约束）交乘项的回归系数仍为负值但绝对值减小，且在10%的显著性水平下显著，说明同样在宽松的货币政策下，传统金融监管对银行资产负债的双重约束在创新经营模式下对其经营效率产生的正向作用有所减弱，同时敏感性也有所下降。

（三）稳健性检验

为了保证结果的可靠性，本章从三个方面对实证结果进行稳健性检验[①]：首先，将加权风险资产 RWA 作为非期望产出代入模型（1）中重新测度银行经营效率，结果显示以招商银行为代表的九家上市银行随着加权风险资产比例的下降整体经营效率有所提升，表明正逐步向"轻型化"过渡。其次，计算不考虑非期望产出的银行经营效率，发现整体效率值降低（Drake 和 Hall，2003；刘孟飞和张晓岚，2013b），并将结果代入模型（2），也印证了以上结果；最后，为了避免内生性问题对模型（2）的影响，本章将反映宏观经济状况的辅助变量通货膨胀率 INFI 作为内生变量，将市场势力 Market 和资产利润率 ROA 视为工具变量，运用 Davidson‑MacKinnon 内生性检验进行估计，结果显示无法拒绝原假设（不存在内生性问题），即可以认为模型设置合理。

六、结论与政策建议

本章基于我国商业银行的不同经营模式，实证分析货币政策与金融监管的协调作用对银行经营效率的影响，得到了如下结论：一是从上市银行的经营效率看，我国上市银行的经营效率分化现象严重，且多数呈现"U"形特征，需要重点关注处于效率评价末位的中国银行、中信

---

① 囿于篇幅，稳健性检验结果不再具体列示。

银行、光大银行和南京银行。同时，"轻型化"经营相较于传统经营效率整体有所提高，并自 2015 年起初现效果。二是从金融监管对经营效率的影响看，监管约束会降低其经营效率，但资本监管相比流动性监管的敏感性更高。在已满足金融监管的情况下，过度提高银行资本水平或流动性水平将不利于其经营效率的提升。三是从货币政策和金融监管的协调来看，政策效果并不稳定。若仅关注资本或流动性的单指标约束，在宽松的货币政策下，银行资本或流动性水平越高，经营效率越高；若从资本约束和流动性双重约束看，当实行宽松的货币政策时，在传统经营下资本水平越高、流动性越充裕的银行反而不利于经营效率提高。但是在"轻型化"经营下，该影响有所减弱，敏感性也有所下降。

将单纯考虑金融监管和同时考虑金融监管与货币政策的模型结果进行比较发现：在仅考虑金融监管的情况下，金融监管约束越高，经营效率越低，这符合经济金融学的一般理论。但是，在同时考虑金融监管和货币政策的情况下，金融监管约束越低，经营效率越低，意味着货币政策对金融监管的约束效力产生了影响和扭曲。同时，单监管指标和双监管指标约束对银行经营效率的影响并不一致，这也意味着金融监管和货币政策的协调机制并不稳健。因此，制定金融政策时，应充分关注金融监管和货币政策的协调，避免由于货币政策与金融监管的冲突，导致在金融体系内积累大量风险。

将传统经营模式和创新经营模式下影响经营效率的模型结果进行比较发现：不同的经营模式并不会影响金融监管约束对金融机构经营效率影响的方向，在创新的"轻型化"经营模式下，金融监管的约束力明显减弱，而宽松货币政策对该约束力的减弱有进一步强化的作用。因此，面对新型的商业银行经营模式，有必要积极改进监管指标，配合货币政策积极防范金融体系的系统性风险。

第七章 基于 DSGE 模型的
货币政策与金融监管的协调分析[①]

近年来，在全球经济缓慢复苏的背景下，我国长期践行稳健中性的货币政策，宏观流动性相对充裕，也使得金融体系蕴藏了大量的系统性风险。与此同时，随着我国金融改革的不断深化以及金融监管的持续加强，金融机构面临的监管约束日益严格。在宏观货币政策调控与微观金融监管约束缺乏协调的背景下，金融机构多次出现阶段性流动性紧张的情况，以宏观流动性充裕、微观流动性不足为特征的"钱荒"事件频发，加剧了金融体系的风险。从货币政策理论来看，传统的货币政策目标并未纳入金融稳定，2008 年国际金融危机爆发后，不少学者指出长期宽松的货币政策是导致金融危机的重要因素之一，从而再次引发了将金融稳定纳入货币政策目标的讨论。"十三五"规划中也已提出，宏观调控的多样化目标不仅包括扩大就业和稳定物价，还包括金融风险防控。从金融监管理论来看，危机后学者们认为对单个金融机构的监管并不能保证整个金融系统的稳健运行，金融监管应更加关注系统性风险的防范，提出了宏观审慎监管框架。因此，无论是从金融政策的实践来看，还是从货币政策和金融监管的理论发展来看，分析研究货币政策和金融监管的协调都至关重要。本章改进了传统的四部门动态一般

---

① 本文与左伟、巴曙松合作发表于《金融论坛》2018 年第 4 期。

均衡模型（DSGE），模拟分析了银行在流动性约束下的行为与货币政策之间可能存在的反馈效应，为宏观货币政策与微观金融监管的协调提供了理论依据和政策建议。

一、文献综述

货币政策是宏观经济调控的重要政策手段，中央银行运用利率、存款准备金、公开市场操作等货币政策工具实现价格稳定，促进经济增长。金融监管的目标是维护金融稳定，监管当局通过对金融机构资本充足率、市场准入及信息披露等经营活动的监管来防范金融风险，防止金融体系崩溃对宏观经济产生严重冲击。货币政策是否应同时保证物价稳定和金融稳定，应如何处理金融监管与货币政策的内在冲突，始终是国内外学者争论的焦点。

（一）金融监管与货币政策的协调

2008 年国际金融危机爆发之前，国内外学者对金融监管和货币政策是否存在冲突的观点并不一致。虽然 Allen 和 Gale（1999）认为价格稳定就意味着金融稳定；但是 Mishkin（1996）却认为为实现物价稳定而采取的货币政策可能不利于金融稳定，必须在两者之间权衡。Trichet（2005）认为，正是由于中央银行致力于稳定物价，导致经济中物价上涨的压力从实体部门转移至虚拟领域，使部分国家的资产价格泡沫在物价相对稳定时发生。在货币政策实践中，大多数央行（美联储、英格兰银行、日本银行以及欧央行等）信奉"事后救助论"（Bernanke 和 Gertler，2001），认为及时的"事后救助"能对泡沫破灭所导致的损失进行控制，因此并没有将资产价格或金融稳定纳入中央银行货币政策的目标体系。危机前，货币政策的特征主要体现如下几点：以稳定通货膨胀为首要目标（Taylor，1993）、反对将资产价格和金融稳定纳入货币政策目标体系（Bernanke 和 Gertler，2001）、认为通货膨胀目标制能够兼顾金融稳定（Issing，2003；Schioppa，2003）等。

2008 年国际金融危机所暴露的金融顺周期性和系统性风险等问题对宏观经济运行造成了严重影响，促使人们对现有货币政策和监管框架进行了重新审视，并再次就货币政策是否应将金融稳定重新纳入其目标展开了争论。许多学者研究认为，金融周期与经济周期之间存在非线性的影响关系，金融中介部门的脆弱性会影响到货币政策的有效传导，货币政策也会反过来影响金融中介部门的风险承担。Barnea 等（2015）通过世代交叠模型发现货币政策的传导有效程度取决于金融稳定，并且货币政策的宏观稳定与金融稳定之间存在一定的取舍关系。Angeloni 等（2015）通过包含金融中介的 DSGE 模型分析了货币政策的扩张引起银行杠杆率上升，并最终引致了金融风险的不断积聚。因此，货币政策与金融稳定政策的协调是中央银行的重要挑战（Svensson，2012），并且两者的相互协调问题应是未来一段时间研究的重点方面（Angeloni 和 Faia，2013）。陆磊和杨骏（2016）提出了流动性、一般均衡与金融稳定的"不可能三角"，对中央银行传统目标及其政策手段局限性进行了深刻反思，指明了金融稳定应重回中央银行目标菜单。

（二）资本监管与货币政策协调性研究

危机前的金融监管以资本监管为主，货币政策与金融监管的协调研究主要是围绕资本监管对货币政策传导渠道的影响展开的，主要包括银行资本渠道和风险承担渠道。

银行资本渠道是指在监管资本的硬约束下，商业银行将面临信贷扩张的限制。Bernanke 和 Lown（1991）奠定了该领域的研究基础，他们最先将资本监管下的银行和经济衰退联系在一起，即资本监管导致银行信贷紧缩，进而导致经济衰退。之后，随着实证文献的增多，学者们开始从理论层面解释银行资本监管的宏观效应。Blum 和 Hellwig（1995）首先发现，资本监管和银行信贷联系紧密，并且强化了银行信贷的顺周期性。而 Thakor（1996）通过扩展信贷配给模型，为银行资本渠道的宏观效应找到了微观基础。Bernanke、Gertler 和 Gilchirist

（1999）提出了经典的"金融加速器"（financial accelerator）机制，认为信贷摩擦机制会使得企业外部融资溢价与企业净资产之间相互关联，从而放大实体经济的外生冲击。循着他们的思路，西方学者应用各种模型和方法研究了巴塞尔协议下银行资本监管在货币政策传导机制中的重要角色，并提出和证实了"银行资本传导渠道"：银行资本约束的引入，事实上为金融体系和实体经济植入了某种放大机制（Kopecky 和 VanHoose，2004；Seater，2000；Chami 和 Cosimano，2001；Zicchino，2006；Van den Heuvel，2005；Bolton 和 Freixas，2006）。巴塞尔协议的实施在某种程度上强化了这种放大机制，即强化了银行资本监管的顺周期性。

近年来，银行风险承担渠道逐步引起关注，学者们指出资本监管还通过风险承担渠道对货币政策有效性产生影响。Danielsson（2004）等认为宽松的货币政策抬升了资产价格和企业抵押品净值，持续的繁荣降低了市场波动率，由此释放出的经济资本弱化了银行的风险资本约束，使其风险偏好水平上升，导致银行调低违约概率、违约损失率和风险权重。银行的这种风险承担行为将会对经济波动产生放大效应（Borio 和 Zhu，2008）。

（三）流动性监管与货币政策的协调研究

2008 年国际金融危机后，流动性监管与资本监管成为金融监管的双约束，新的约束显著改变了金融机构的微观行为，并对货币政策产生了重要影响。然而目前，该领域的研究文献相对较少，且多集中于市场流动性而非微观机构的流动性。Acharya 和 Naqvi（2012）提出，流动性泛滥会导致银行过度承担风险，宽松货币政策可能带来金融体系的风险隐患。Carrera 和 Vega（2012）运用带有银行间市场的 DSGE 模型研究了银行相互之间在银行间市场的拆借行为对于存款准备金要求等非常规货币政策造成的冲击作用。他们认为银行在银行间市场的拆借行为会加剧市场上的流动性问题，而存款准备金调整能有效控制这种拆借行为，因此存款准备金调整政策能够作为有效的货币政策与利率调整政策相互补充。而 Brzezina 和 Makarski（2010）更关注生产商为寻求抵押贷款而质押给金融中介机构的抵押物价值变动效应，他们认为市场流动性收紧会降低抵押物的价值，并最终通过资产价格和信贷市场的相互影响产生严重的金融冲击。Kiyotaki 和 Moore（2012）构建的模型中引入了持有不同流动性资产的金融中介，并分析了流动性冲击下的资产价格和各宏观经济变量的动态运行机制，以及公开市场操作对金融中介的资产配置组合的影响。

从目前的研究来看，大多数学者仍集中于资本监管对货币政策传导渠道的影响研究，而对于流动性监管对货币政策有效性影响的研究文献较少。本章在 Bernanke 等人（1999）以及 Gertler 和 Kiyotaki（2010）的模型基础上进行了改进，建立了包括流动性约束的四部门 DSGE 模型，模拟分析了在货币政策冲击等外部冲击下、受到流动性约束的银行资产负债表和微观行为所出现的变化，及其对宏观货币政策效果的影响大小和作用机制。

二、货币政策与金融监管协调的理论分析

资本充足率要求以及流动性要求等金融监管具有典型的顺周期效应，因此常与逆周期的货币政策调整产生冲突，使得宏观调控的预期效果产生偏差，放大经济波动。根据之前学者的研究结论（Borio 和 Zhu，2008，2012；熊丹等，2013），金融监管常通过四个主要路径对货币政策调控产生影响和冲突、造成经济波动的放大效应，包括资产价格和估值扭曲效应/利润寻求效应/央行沟通与反应效应与历史习惯影响效应（见图1）。

首先，金融监管造成了资产价格和估值扭曲效应。资产价格和估值的扭曲效应（Borio 和 Zhu，2008）是指利率的降低提高了资产价格和抵押品价值，从而使银行资产估值上升，提高了银行的风险容忍度。当考

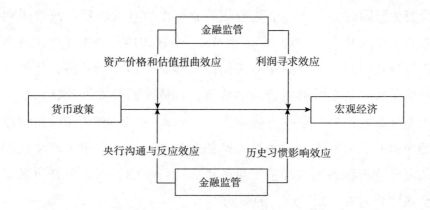

图1　金融监管对货币政策调控的影响路径

虑金融监管尤其是流动性约束时，利率降低导致的当前资产价格的上升可能恰好处于资产价格泡沫的累积期，银行会基于对未来资产泡沫破灭的预期以及金融监管的要求对当前的风险容忍度进行调整；而利率上升导致的资产价格和抵押品价值的螺旋式下降会极大地降低银行的风险容忍度。

其次，金融监管还通过利润寻求效应产生影响。利润寻求效应（Rajan，2006）是指宽松的货币政策降低了无风险收益率，缩小了银行存贷款利差，降低了银行利润率，使银行在谋求更高利润的驱使下寻找更高风险的资产。但是高风险的资产往往与低流动性相挂钩，当考虑流动性监管时，银行需要重新进行风险判断和行为选择。例如，当银行的流动性水平较低时，银行很难选择流动性较低的高收益资产。

再次，金融监管会干扰央行沟通与反应效应。央行沟通与反应函数（Borio和Zhu，2012）效应主要包括两种效应：一是"透明度效应"，是指央行货币政策透明度的提升将减少市场的不确定性，降低风险溢价，进而使得银行愿意承担更多的风险。二是"保险效应"，如果市场一致预期央行将把宽松的货币政策作为应对负面冲击的手段，那么银行会降低其风险容忍度。金融监管是影响银行风险预算的重要因素，对上述两种效应都会造成干扰。

最后，金融监管将强化历史习惯影响效应。该效应源于资产定价模型，强调历史习惯对于投资者（银行）风险承担的延续性影响（Longstaff 和 Schwartz，1995；Dufresne 等，2001；Altunbaş 等，2010）。Campell 和 Cochrane（1999）认为，经济扩张时期的宽松货币政策环境下，银行的风险容忍度可能会降低。同理，当银行长期处于低风险、低利率的环境中时，银行对未来的宽松政策预期可能保持乐观。当考虑金融监管要求尤其是流动性要求时，低利率环境下宏观流动性的充裕会进一步强化银行的乐观情绪。

因此，金融监管会从上述四条路径对货币政策调控效果产生影响，下文将根据模型和模拟分析进行检验。

三、DSGE 模型构建

动态随机一般均衡模型（Dynamic Stochastic General Equilibrium Model，DSGE）是近年来中央银行在宏观经济分析及货币政策分析方面的重要研究工具之一，也是中央银行在经济建模方面的一个新视角。在传统计量经济模型中，微观经济分析与宏观经济分析基本上处于相对隔离的状态，模型缺乏良好的整体性特征（刘斌，2008）。这使传统的计量经济模型在分析宏观的货币政策和微观的金融监管之间的协调关系时困难重重。与传统计量经济模型相比，DSGE 模型具有显性建模框架、理论一致性、长短期分析的有机整合等建模优势，尤其在分析宏观的经济运行特征与微观的经济主体行为决策之间的相互影响关系方面具有独特优势。随着计算机运行速度的大幅提高及贝叶斯估计方法的不断改进，DSGE 模型的更新程度及应用广度不断提高，并逐渐成为许多中央银行（如英格兰银行和加拿大中央银行）定量分析以及建模策略的基准模型之一。

（一）传统的三部门 DSGE 模型

传统的三部门 DSGE 模型包含的经济主体有居民、厂商和政府三个部门，但是对金融机构和金融市场的设计较为简单，没有对金融机构的微观行为决策进行较详细的描述。之后的许多学者对三部门 DSGE 模型进行了改良，提出了包含居民、厂商、金融机构和中央银行四个经济主体的四部门 DSGE 模型。

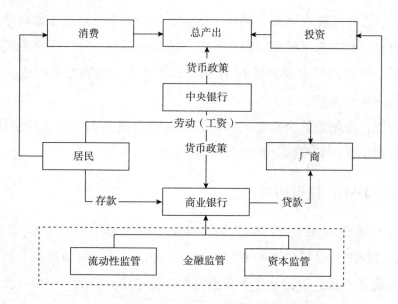

图 2　DSGE 模型的基本结构

假设中央银行将基准利率作为货币政策工具，则货币政策冲击在四部门 DSGE 模型中的传导机制可描述如下：货币政策冲击（利率水平的突然变化）会使居民、厂商及商业银行的行为决策发生变化。对居民来说，居民将在新的利率环境下对消费、劳动力供给及存款的选择进行决策和调整。对厂商来说，市场收益率的变化将影响厂商对劳动力和资本投入的需求以及最后的产出水平。对商业银行来说，存款利率的变化将使银行对厂商资本投入的供给总量及贷款定价水平进行调整。最终总供给和总需求动态平衡，模型达到新的稳态。

（二）引入流动性约束的 DSGE 模型

传统的四部门 DSGE 模型通常忽视了金融监管当局对于商业银行的

流动性约束，随着流动性风险逐渐受到巴塞尔协议Ⅲ以及各国监管当局的高度关注，学者们意识到流动性约束导致的压力会使商业银行在市场流动性短缺的环境下，动态调整其资产负债表结构，从而影响到产出等宏观变量，对货币政策传导和作用效果产生干扰。因此，本章在Gertler 和 Kiyotaki（2010）所建立的 DSGE 模型基础上做了修正，将金融监管当局对于商业银行的流动性约束及商业银行自身的资产负债表调整行为纳入模型中，考虑商业银行的流动性约束对于模型中各个经济主体以及货币政策效果的影响及作用机制。

具体的方程系统如下：

1. 家庭

模型假设家庭的效用函数为未来的消费效用与所付出的劳动的差额在当前的折现，具体形式为

$$U = max E_t \sum_{i=0}^{\infty} \beta \big[ln(C_{t,i} - hlnC_{t-1,i}) - \frac{\chi}{1+\omega} L_{t,i}^{1+\omega} \big] \qquad (1)$$

其中，E_t 表示第 t 期的预期，$0 < \beta < 1$ 为折现因子，$C_{t,i}$ 为第 i 个家庭在第 t 期的消费，$0 < h < 1$ 为消费的惯性因子，体现了上一期的消费 $C_{t-1,i}$ 对当前家庭效用的影响，$L_{t,i}$ 为劳动供给，ω 为劳动供给弹性，χ 代表劳动对效用的贡献权重。

家庭预算需满足消费等于劳动力收入加上存款收入变动，即满足约束条件：

$$C_t = w_t L_t + r_t B_t - B_{t+1} \qquad (2)$$

其中，w_t 为名义工资，r_t 为存款利率，B_t 为存款额。定义 k_t 为消费的边际效用，则家庭对于消费和劳动选择的一阶条件方程为

$$k_t w_t = \chi L_t^{\omega} \qquad (3)$$

其中，$k_t = (C_{t+1} - hlnC_{t-1})^{-1} - \beta h E_t (C_{t+1} - hlnC_t)^{-1} \qquad (4)$

2. 商业银行

商业银行作为连接家庭和生产商的中介机构，在满足流动性约束

的前提下追求自身利润最大化。假设第 t 期银行从各个家庭储蓄者吸收来存款 $B_{j,t+1}$ 并支付存款利息 r_t，贷款给生产商的贷款数额为 $S_{j,t}$ 且每笔贷款的价格为 Q_t，第 t 期银行的贷款利率为 d_t，N_{jt} 是银行在期末持有的净资产价值。首先，银行需要保持资产负债表平衡：

$$Q_t S_{j,t} = N_{j,t} + B_{j,t+1} \tag{5}$$

其次，每 t 期末银行的资本收支变化等于贷款给厂商所得的利息减去吸收家庭存款所支付的利息，满足下式：

$$N_{j,t+1} = d_{t+1} + Q_t S_{j,t} - r_{t+1} B_{j,t+1} \tag{6}$$

其中，第 t 期银行的贷款利率为 d_t，$d_{t+1} Q_t S_{j,t}$ 为银行获得生产商支付的贷款利息，$r_{t+1} B_{j,t+1}$ 为银行支付给家庭的存款利息。由式（5）可知：

$$N_{j,t+1} = (d_{t+1} - r_{t+1}) Q_t S_{j,t} + r_{t+1} N_{j,t} \tag{7}$$

式（7）表明，银行的净收入来源于两方面，一方面是存贷款息差率 $(d_{t+1} - r_{t+1}) Q_t S_{j,t}$，另一方面是所持有的净资产 $r_{t+1} N_{j,t}$。

令 τ_i 为第 $t+i$ 期贴现到第 t 期的贴现因子，银行追求利润最大化函数如下所示：

$$F_{j,t} = maxE_t \sum_{i=0}^{\infty} \tau_i N_{j,t++i+1} \tag{8}$$

本章模型引入银行部门的流动性约束条件，银行受到微观流动性监管，需要满足流动性要求，即流动性资产与流动性负债的比值需要大于监管机构规定的流动性比例。在银保监会 2014 年发布的《商业银行流动性风险管理办法》中，流动性资产主要包括短期贷款以及同业存放、现金、金融资产等其他类流动性资产。而流动性负债主要包括短期存款等。假设同业存放、现金及金融资产等与银行净资产总量同比例变动，则流动性约束条件可以表述为

$$\frac{(a_t \times Q_t S_{jt} + b \times N_{jt})}{c_t \times B_{jt+1}} \geqslant m \tag{9}$$

其中，m 为监管机构确定的流动性监管指标；a_t 代表短期贷款占信贷资产的比例，b 代表同业存放、现金及金融资产等占银行净资产的比例，

c_t 代表短期存款占存款负债的比例，b、m 均为外生变量。当利率高企时，银行间市场流动性趋紧，银行倾向于扩大短期存款占比，降低短期贷款占比；当利率降低时情况相反。因此，本章假设短期存款占比与利率成正比，短期贷款占比与利率成反比，如式（10）和式（11）所示：

$$a_t = a_0 + \sigma_1(r_t - r) \tag{10}$$

$$c_t = c_0 - \sigma_2(r_t - r) \tag{11}$$

其中，a_0 和 c_0 分别为稳态下短期存贷款的占比比例，r 为稳态利率，σ_1、σ_2 为内生影响因子且 $\sigma_1 > 0$，$\sigma_2 > 0$。

由式（5），不等式（9）变形为

$$\frac{(a_t \times Q_t S_{jt} + b \times N_{jt})}{c_t \times (Q_t S_{jt} - N_{jt})} \geqslant m \tag{12}$$

在银行利润最大化的前提下等式成立，即

$$(c_t m - a_t) \times Q_t S_{j,t} = (b + c_t m) \times N_{j,t} \tag{13}$$

定义银行的资金运用杠杆为银行总资产与净资产的比例，即 $\varphi = \dfrac{Q_t S_{j,t}}{N_{j,t}}$，即由式（13）可得

$$\varphi = \frac{b + c_t m}{c_t m - a_t} = 1 + \frac{a_t + b}{c_t m - a_t} \tag{14}$$

由式（14）可知，资金使用杠杆 φ 与短期贷款比例 a_t 成正比，与短期存款比例 c_t 成反比。

将式（12）代入式（7），得到

$$N_{j,t+1} = [(d_{t+1} - r_{t+1})\varphi + r_{t+1}]N_{j,t} \tag{15}$$

即银行的净资产变化与 φ 成正比，资金运用效率越高，银行的净资产增长越快，银行出于利润最大化的目的会提高杠杆使用倍数，但是银保监会的流动性要求通过约束银行的资产负债表结构（即短期存贷款占比），对商业银行的实际资金使用效率进行了约束。

3. 生产商

为追求利润最大化，生产商用借来的全部银行贷款进行生产所需

的资本投资，即

$$K_{t+1} = S_t \tag{16}$$

K_{t+1} 是生产商用于生产产品的资本投入，生产商的新古典生产函数为

$$Y_t = A_t K_t^{\alpha} L_t^{1-\alpha} \tag{17}$$

其中，A_t 为技术水平，L_t 为生产投入的劳动力。令 P_t 为生产商的产品价格，在每个 t 周期公司选择最优的劳动力和资本投入。求解方程最优的一阶条件为

$$P_t \alpha Y_t = K_t \tag{18}$$

$$P_t (1 - \alpha) \frac{Y_t}{L_t} = W_t \tag{19}$$

根据产出理论，完全竞争的市场条件下厂商的长期经济利润为零，则生产商的净收入等于付给商业银行的贷款利息 d_t，如式 20 所示，其中 δ 为资本折旧率。

$$d_t = \frac{p_t \alpha \dfrac{Y_t}{K_t} + (1 - \delta) Q_t}{Q_{t-1}} \tag{20}$$

4. 中央银行

中央银行制定并执行货币政策，本章中的货币政策规则采用平滑后的泰勒规则，令 r_t 为名义利率，r 为稳态利率，y_0 为自然产出水平，y_t 为当期产出，π_t 为通胀率，则名义利率满足如下等式：

$$r_t = (1 - \rho_0)[r + \rho_1 \pi_t + \rho_2 (\log y_t - \log y_0)] + \rho_0 r_{t-1} + \varepsilon_t \tag{21}$$

其中，平滑因子 $0 < \rho_0 < 1$，ρ_1、ρ_2 分别为通胀和产出在泰勒规则中的系数，ε_t 为货币政策的外部冲击。

5. 模型总体约束

模型中的社会总产出等于家庭消费、投资与政府支出三个支出项的总和，假设政府支出 G 为外生变量，则资源约束为式（22）所示：

$$Y_t = C_t + I_t + G \tag{22}$$

其中，Y_t 为社会总产出，I_t 为投资总量，C_t 为家庭消费。每期的资本变化为

$$K_{t+1} = (1 - \delta)K_t + I_t \tag{23}$$

其中，K_t 为资本总量，δ 为资本折旧率。

总体来看，本章模型的核心方程包括家庭的效用函数（1）及预算约束（2），商业银行的资产负债表平衡等式（5）、资本收支变化等式（6）及流动性约束条件（9），厂商的生产函数（17），中央银行的泰勒规则（21）以及市场出清条件（22）和（23）。

四、实证分析

DSGE 模型的非线性特点使得模型的求解及对参数的校准和估计非常困难。为此，DSGE 模型的求解过程通常采取如下步骤：首先，确定模型的稳态，并校准确定稳态的大部分参数。其次，在稳态附近对模型进行对数线性化从而得到模型的动态方程并对模型进行求解。在本章中，参数校准主要参考之前研究文献的估计结果。

（一）模型估计

我们首先对模型中的部分基本参数和变量稳态值进行赋值。表 1 列出了本章模型的 11 个参数值，根据 Primiceri 等人在 2006 年通过贝叶斯估计得到的参数估计结果，本章选择消费惯性因子 $h = 0.815$，$\xi = 7.2$，劳动供给弹性 $\omega = 0.276$。贴现率 β 参照刘斌（2008）的估计结果取 0.99，劳动对效用的影响权重 χ 以及资本的季度折旧率参考康立和龚六堂（2014）的校准结果分别取 3.4 和 0.025，相当于资本年折旧率为 10%。资本在生产函数中的权重 α 以及泰勒规则中的三个参数估计参考 Gertler 和 Karadi（2008）的校准结果，取值如表 1 所示。

表1　　　　　　　模型中各外生参数与部分变量稳态值的校准

参数	校准取值	参数意义
β	0.99	折现因子
h	0.815	消费的惯性因子
χ	3.4	劳动对效用的影响权重
ω	0.276	劳动供给弹性
α	0.33	资本在生产函数中的权重
δ	0.025	资本折旧率
ρ_0	0.8	泰勒规则的平滑因子
ρ_1	1.5	泰勒规则中通胀率的系数
ρ_2	0.125	泰勒规则中产出水平的系数
G	0.2	政府支出占比

（二）外部冲击下的模型动态分析

在得到模型的估计结果后，本章运用模型进行外部冲击的情景分析和政策模拟。基于校准后的模型参数，本章首先假设模型处于稳态水平，然后对模型施加外部冲击，通过随机模拟计算得到外生冲击下各变量的脉冲响应曲线，并分析流动性约束下的商业银行微观行为对投资、产出等宏观经济变量及货币政策效果产生的影响。

技术冲击的模型动态分析。假设对模型施加1%的技术负向冲击，各变量在40期模拟期内的变化率如图3所示，其中R为利率，PHI为银行的资金使用杠杆φ，SPR为贷款利率与无风险利率的差值（r_{kt} － r_t），Y为产出，C为消费，I为投资，K为资本，Q_t为资本价格，N为银行净资产，PI为通胀率。

由图3可知，消费（C）、投资（I）及产出（Y）均受到技术冲击的影响而在初期下降，其中消费下降幅度较小，约为0.8%，产出下降幅度约为1%，投资受到的技术冲击影响最大，下降了约5%。之后三个宏观变量逐渐在20期左右恢复到稳态。PHI和无风险利率（Rn）在受到冲击后立即跳高，PHI上升了约3%，无风险利率变动幅度较小、上升了约0.05%。之后PHI在第10期左右恢复稳定，而利率在第20期左右逐渐回落到稳态。在整个模拟周期内，通胀率（PI）的变化较小（稳定在 0.04% 以下），呈逐渐上升的态势。模拟结果表明，一方面，负向技术冲击在一定程度上降低了投资回报以及热情，从而拉低了各宏观经济变量，这与传统模型的模拟结果类似；另一方面，φ 与短期贷款比例 a_t 成正比，与短期存款比例 c_t 成反比，φ 的跳高表明：在负向技术冲击的影响下，为保证足够的流动性以满足流动性约束，银行提高了短期贷款比例（即流动性资产比例），降低了短期存款比例（即流动性负债比例），最终提高了资金使用效率。与宏观经济变量相比，银行的资金使用杠杆通常在第 10 期左右就回复稳态，这表明银行在短期存贷款比例方面的调整和反应速度较快。

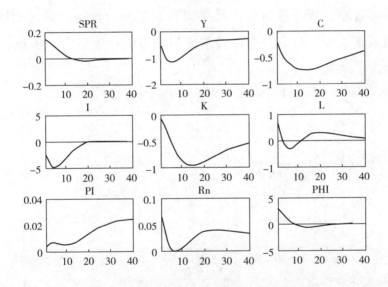

图 3　各变量在技术负向冲击下的脉冲响应

货币政策冲击下的模型动态变化。接下来本章考虑货币政策冲击给模型各变量带来的影响。假设货币政策变动，短期利率突然上升 1 单位（25 个基点，即 0.25%），各变量在 40 期内的变化率如图 4 所示（变量名称与图 3 相同）。当短期利率突然上升时，与技术冲击相类似，消费（C）、投资（I）及产出（Y）变化率均受到一定的冲击而下降，但受影响程度小于技术冲击。消费下降了约0.1%，投资下降了约3%，产出下降了约0.5%。之后三个变量逐渐在第20期以后恢复到稳态。银行的资金使用杠杆（PHI）在初期突然跳高到5%之后逐渐达到新的稳态，受影响程度要高于技术冲击带来的影响。利率（Rn）短暂跳高一个单位之后很快就到达新的稳态，而通胀率（PI）受到利率冲击后出现了小幅下跌。模拟结果表明，与技术负向冲击类似，货币政策冲击使得投资和消费成本升高，降低了投资和消费热情，从而对产出造成冲击，但是受影响程度小于技术冲击的影响。另外，货币政策冲击使得市场资金运用成本升高，市场流动性降低，银行为满足流动性约束而提高短期贷款比例、降低短期存款比例，使得银行资金使用杠杆 φ 上升。相较技术冲击，货币政策冲击使得银行对于流动性资产和流动性负债的配置要求更高，对于短期存贷款比例调整的幅度更大（体现在 φ 的变化幅度更大）。

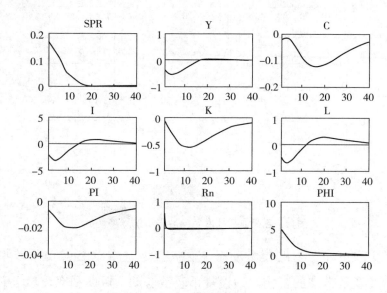

图4　各变量在货币政策冲击下的脉冲响应

（三）模型比较

引入银行的流动性约束，将导致银行在外部冲击下主动调整自身负债结构和存贷款行为，从而对宏观经济变量产生冲击。为研究银行的流动性约束对于产出等宏观经济变量以及货币政策传导的影响效果和作用机制，我们将本文所建立的模型与去除银行流动性约束之后的传统模型进行比对，观察不同模型的宏观变量波动差异，模拟结果如图 5 ~ 图 8 所示（实线为本文模型的模拟结果，虚线为传统模型的模拟结果）。

当外部冲击为技术冲击时（图 5、图 6），传统模型中的投资和产出波动率变化控制在 -4% ~ -1% 之内。当模型加入银行流动性约束之后，投资和产出波动率扩大为 -5% ~ -1.2%。技术的负向冲击影响了生产商的投资热情和资本需求，从而使得资产价格下跌。根据银行风险承担渠道的资产价格和估值效应，资产价格的下跌降低了银行资产估值，从而使得银行调低自身的风险容忍度，更倾向于持有流动性较高的资产，同时减少流动性负债。反映到模型上，银行的短期贷款比例上升，短期存款比例下降，整体的资金使用杠杆上升。长期贷款供给的减少和长期存款需求的增加共同推高了贷款利率，进一步增加了资本运用成本，使得投资和产出受到的影响再次扩大。因此，银行的流动性约束通过降低投资水平，而对产出造成了影响效应的放大。而在不考虑银行流动性约束的传统模型中，负面冲击的效果不会被放大，因此投资和产出受到的影响较小。

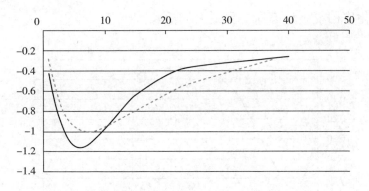

图 5　技术冲击下的产出变化率

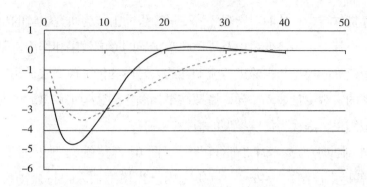

图 6　技术冲击下的投资变化率

当外部冲击为货币政策冲击时，传统模型中的投资和产出通常在第 10 期就达到新的稳态，且波动率变化控制在 −1% ～ −0.2% 之内。但是当模型加入银行的流动性约束之后，投资和产出在第 40 期才逐渐达到新的稳态，且波动变化率扩大到 −3% ～ −0.5%。利率的负向冲击直接提高了资金的使用成本以及市场上流动性的紧张程度，使银行为满足流动性约束而重新调整了短期存贷款的配置比例。反映到模型上，银行的短期贷款比例上升，短期存款比例下降，整体的资金使用杠杆大幅上升。因此，流动性约束放大了货币政策对投资和资产价格的负向冲击效应。并且与技术冲击相比，流动性约束对于货币政策冲击的放大效应更为显著：投资和产出受到的负面冲击更大，作用周期更长，投资和产出变化率回复到稳态所需要的时间更长。

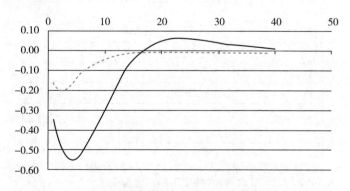

图 7　货币政策冲击下的产出变化率

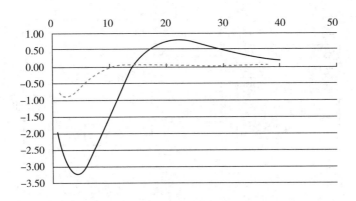

图 8　货币政策冲击下的投资变化率

　　流动性监管的顺周期效应。目前大多数文献研究认为，商业银行的资本监管会通过其顺周期性影响宏观经济运行，即在经济上行时，贷款偿还率高，信贷资产风险评级较高，银行资本充足，较容易达到资本监管要求，便可以利用充足的资本金发放更多的贷款，刺激经济进一步升温；而在经济下行阶段，随着贷款违约率和不良贷款率的上升，银行信贷资产风险评级迅速降低，为了满足资本监管要求，银行会紧缩信贷以保留更多资本金，进一步加剧了经济衰退。本章的模型模拟结果表明，类似于资本监管，流动性监管同样会通过改变银行的资产负债表结构对宏观经济造成冲击，并干扰货币政策传导效果。由于我国银行的非流动性资产大多以贷款为主要形式（宋玉颖和刘志洋，2013），因此银行的流动性约束直接导致了积极吸收存款、放缓贷款规模等行为，从而对货币政策冲击下的投资、消费、产出等宏观经济变量造成扩大影响（见图9）。

　　与本章模型相比，金融实践中银行的微观金融监管可能造成的影响更为显著。孙国峰（2014）认为，我国货币政策操作框架正逐渐向结构性流动性短缺的操作框架转变，在这样的货币政策框架下，冲击多是紧缩方向的负面冲击，并且发生负面冲击时，银行会倾向于持有较多的流动性以应对不确定性，预防性需求增加会导致流动性需求上升。

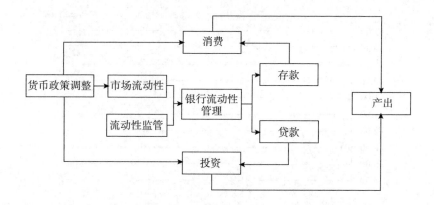

图9　流动性约束对货币政策效果的影响机制

首先，金融实践中的负向冲击具有更大的不确定性：一方面，冲击本身具有不确定性；另一方面，不同类型的商业银行由于信息获取程度的差异，对冲击的认知度差异，采取不同程度的流动性约束也会放大冲击的不确定性。因此，金融实践的负向冲击更容易造成市场流动性的紧张局面，刺激冲击下银行自身的资产负债表管理，从而造成更严重的宏观经济变量冲击。具体来说，由于冲击的不确定性，流动性充足的银行和流动性紧缺银行都会增加预防性需求，从而使银行体系流动性需求保持高位。由于流动性充足的银行可会因为预防性需求而保留过多的流动性，因此即使银行体系流动性总量充裕、货币市场利率不断高企，流动性供求缺口仍然很难消除，此时银行间市场的流动性借助作用大大降低，大多数银行只能求助于对自身资产负债表的调整，主要包括短期存贷款比例的调整等。

其次，金融实践中的中央银行在判断银行流动性需求时经常出现偏差，从而难以在合适的时机提供流动性补给（Hamilton，1997）。在我国，由于银行体系的流动性需求不稳定，精确预测流动性需求的难度较大，即使由银行自身来预测流动性并向中央银行报告也有其局限性。一是银行由于上述的信息不对称等原因，无法准确预测自身流动性需求；二是参与中央银行公开市场操作的一级交易商通常只有少数大型银行及其他金融机构，大量中小银行流动性需求没有被统计在内；三是中央银行操作时间较收集银行需求的时间会有一定的滞后，待中央银行操作时银行的需求已经发生了变化。

五、引入逆周期资本监管的 DSGE 模型

为应对金融体系的顺周期性，巴塞尔Ⅲ引入了资本留存缓冲的要求，要求银行必须建立总额不低于银行风险资产 2.5% 的资本留存缓冲，以帮助银行在经济上行期计提资本缓冲，而在经济下行期吸收损失。逆周期资本缓冲的设置是基于更广泛的宏观审慎目标，保护银行体系免受信贷激增所带来的冲击，其调节机制的经济学逻辑是：在经济上行以及市场流动性宽松阶段，银行倾向于采取信贷扩张的经营策略，但此时贷款潜在的风险却在增大，因此，监管当局应主动提高资本监管要求，增加资本金数量，使银行为未来的不确定性变化做准备；在经济下行阶段则进行反向操作，下调资本缓冲要求。本章接下来将银行的资本留存缓冲行为加入模型中，考虑其对宏观经济变量及货币政策效果的影响。保持模型中的其他变量不变，假设银行每个周期将总资产的 2% 作为缓冲资本留存到下一期，由式（7）可知

$$N_t = N'_t + \gamma N_{t-1}$$

其中，$N'_t = (1 - \tau) \times (d_t - r_t) Q_t S_{t-1} + r_t N_{t-1}$，表示 $t-1$ 期银行总资产在 t 期对应的净资产总量，τ 表示存款准备金以及资本缓冲等资产排除项占银行总资产的比例，γ 表示银行资本缓冲率，设为 2%。

假设央行调整货币政策，短期利率突然上升 25 个基点（0.25%），模型的脉冲响应（见图 10）。由图 4 和图 10 对比可知，模型加入逆周期资本缓冲后，资本（K）、消费（C）、投资（I）以及产出（Y）等宏观经济变量的降幅均明显变小，其中资本的跌幅控制在 0.5%，消费的跌幅控制在 0.1%，投资的跌幅在 2.5% 左右，产出的跌幅控制在 0.5% 内。另外，通胀率 PI 的波动控制在 0.02%，银行的资金使用杠杆

以及市场存贷款利差的恢复稳态速度加快，在第 6 期就逐渐达到稳态。模拟结果表明，逆周期资本缓冲缓解了市场的流动性紧张程度以及银行资产负债表的流动性压力，降低了银行调整短期存贷款比例等流动性管理行为的程度，使得资本、通胀、投资以及消费水平受影响程度减小，最终降低了货币政策调整对于产出的负向冲击。

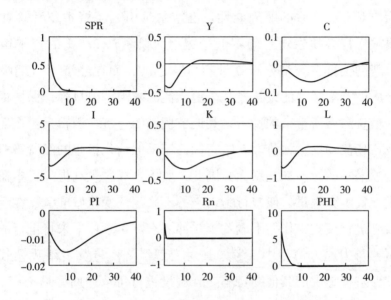

图 10　考虑银行逆周期资本缓冲时的脉冲响应

模拟结果表明，逆周期资本缓冲是缓解市场流动性紧张程度和银行流动性压力的有效工具之一，能够有助于降低金融监管对于货币政策冲击的干扰。逆周期资本缓冲的调节行为在客观上调整了整个银行业信贷投放的合理性，使银行在市场流动性充裕时期就提前进行流动性囤积（liquidity hoarding），对"熨平"经济周期波动以及市场流动性波动起到正面作用。目前的相关研究文献认为，银行资本缓冲主要通过三条微观渠道影响实体经济：一是影响银行的贷款数量，二是影响银行的贷款价格，三是影响银行的存款价格（黄宪和熊启跃，2013），这与本章模型的模拟结果相吻合："逆周期资本缓冲"通过缓解银行资产负债表的流动性压力，缓解了银行调整短期存贷款比例等流动性管理行为的执行力度，使得银行的存贷款规模和价格波动范围减小，最终降低了货币政策调整对于资本、通胀、投资、消费以及产出的负向冲击。

六、结论及政策建议

本章构建了一个包含流动性约束下的银行部门的动态随机一般均衡模型，分别模拟了在技术冲击和货币政策冲击下、受到流动性监管的银行部门的微观资产负债表结构调整行为以及投资、产出等宏观经济变量的变化，并对比分析了流动性约束对于货币政策调整的影响机制，最后分析了逆周期资本缓冲如何减弱金融监管对于货币政策调整的影响。结果表明：一是微观流动性约束会加大宏观货币政策对投资、产出等宏观经济变量的负面影响。在紧缩货币政策的影响下，资本价格的下跌以及市场流动性紧张会增加银行的流动性压力。在流动性监管的约束下，银行会通过调整吸储信贷行为对自身资产负债表进行动态调整，使得投资、产出受到的负面冲击进一步扩大。二是面对技术冲击和货币政策冲击时，微观流动性约束对货币政策冲击的影响较大。相较技术冲击，货币政策冲击下的流动性约束对投资和产出造成的影响更大，作用周期更长，投资和产出变化率回复到稳态所需要的时间更长。三是逆周期金融监管有助于缓解流动性约束对货币政策调整的影响。当加入逆周期资本缓冲之后，模拟结果表明，逆周期资本缓冲通过缓解银行资产负债表的流动性压力，缓解了银行调整短期存贷款比例等流动性管理行为的执行力度，使银行的存贷款规模和价格波动范围减小，最终降低了货币政策调整对于资本、通胀、投资、消费以及产出的负向冲击，有助于减弱金融监管对货币政策的反馈效应。

2008 年国际金融危机之后，旨在保障市场稳定的流动性监管开始在各国逐步受到关注和实施，而金融监管与货币政策的协调则是构建金融稳定体系的重要前提。本章的研究结论表明，流动性监管下的银行会随着利率变化及市场流动性状况动态调整其资产负债表结构，从而放大货币政策变动对于投资、产出等宏观经济变量的影响，而逆周期资本缓冲能够通过稳定银行信贷的波动来减弱这一负面影响的放大。因此，我国的宏观经济管理当局在进行货币政策调控的过程中，需要充分意识到流动性监管与货币政策之间的协调影响关系，降低二者间不利的反馈效应。

中央银行在货币政策的制定中，充分考虑金融机构受到的监管约束。一是在维护货币政策独立性的同时，在金融监管约束过紧时发挥最后贷款人的作用。应将日常微观流动性监管视为金融机构流动性保障的前端，在微观流动性约束过紧、金融机构出现流动性危机时做好流动性支持，防止危机的传染和系统性风险的爆发。二是关注金融机构的微观流动性状况，不断完善宏观审慎评估体系（MPA）。密切关注资产价格、银行资本充足率等微观数据随经济周期的变化趋势，灵活多样运用货币政策工具应对市场流动性的短期波动。同时，在货币政策反应函数中考虑纳入金融机构微观指标，构建"宏观评估体系 + 广义货币政策"的全面政策实施框架，修正微观金融监管对于货币政策的影响。三是从数量工具逐步过渡到价格工具和数量工具并举，通过价格的变化引导金融机构在货币政策传导中充分发挥效力，避免出现宏观流动性过剩、微观流动性不足的窘境。

在金融监管政策的制定中，必须结合当前的货币政策及宏观流动性状况。一是在长期宽松货币政策下，应加强金融监管力度，防范金融风险的积聚。二是在货币政策从松向紧的过程中，应避免金融监管的政策叠加，在经济周期的不同阶段实施差别化的监管政策。三是积极使用逆周期监管工具，实现与逆周期调整的货币政策的相互协调。

参考文献

[1] 巴曙松，樊燕然，朱元倩．巴塞尔协议Ⅲ在欧盟的实施及其对中国的启示 [J]．西北工业大学学报（社会科学版），2014（1）：55 – 60.

[2] 巴曙松，王月香．金融去杠杆的缘起与走向 [N]．上海证券报，2017（19）．

[3] 巴曙松，朱元倩．压力测试在银行风险管理中的应用 [J]．经济学家，2010（2）．

[4] 包全永．银行系统性风险的传染模型研究 [J]．金融研究，2005（8）：72 – 84.

[5] 北京大学中国经济研究中心宏观组．流动性的度量及其与资产价格的关系 [J]．金融研究，2008（9）：44 – 55.

[6] 蔡如海，沈伟基．流动性过剩：分层界定、判定指标及成因分析 [J]．经济理论与经济管理，2008（7）：46 – 52.

[7] 柴尚蕾、郭崇慧和苏木亚．基于 ICA 模型的国际股指期货及股票市场对我国股市波动溢出研究 [J]．中国管理科学，2011（3）：11 – 18.

[8] 陈道富．提高我国银行流动性风险监管 [J]．浙江金融，2011（8）：4 – 8.

[9] 陈丁，张顺．中国省域经济增长同群效应的实证研究

（1995—2005）［J］．经济科学，2008（4）：28－38．

［10］陈中．宏观视角的流动性测度方法研究［D］．郑州：河南大学，2008：1－63．

［11］谌帅宇．中国宏观流动性测度研究［D］．广州：广东商学院，2012：1－54．

［12］程广斌，龙文．丝绸之路经济带城市可持续发展能力及其影响因素——基于超效率 DEA－面板 Tobit 模型的实证检验［J］．华东经济管理，2017，31（1）：35－43．

［13］代军勋，李俐璇．货币政策风险承担渠道的中国实证——基于商业银行的视角［J］．中南大学学报（社会科学版），2016（2）．

［14］戴伟，张雪芳．金融发展、金融市场化与实体经济资本配置效率［J］．审计与经济研究，2017，32（1）：117－126．

［15］董积生．银行体系流动性发展趋势分析［J］．中央财经大学学报，2007（4）：32－36．

［16］范小云，王道平，方意．我国金融机构的系统性风险测度与监管——基于边际风险贡献与杠杆率的研究［J］．南开经济研究，2011（4）：3－20．

［17］范小云、方意和王道平．我国银行系统性风险的动态特征及系统重要性银行甄别［J］．金融研究，2013（11）：82－95．

［18］方先明，苏晓珺，孙利．我国商业银行竞争力水平研究——基于 2010—2012 年 16 家上市商业银行数据的分析［J］．中央财经大学学报，2014（3）：31－38．

［19］方意，赵胜民，谢晓闻．货币政策的银行风险承担分析——兼论货币政策与宏观审慎政策协调问题［J］．管理世界，2012（11）．

［20］费方域，江鹏，陈笛霏．银行体系内生流动性风险及监管理论评述［J］．新金融，2012（8）：29－32．

［21］封丹华．从流动性过剩到流动性紧缩——金融危机下的流动

性特征 [D]．上海：上海社会科学院，2009：1 –211.

[22] 冯宗宪，陈伟平．中国货币政策对银行风险承担行为的影响研究——基于异质性视角 [J]．商业经济与管理，2013 (9)：78 –86.

[23] 傅强，魏琪，林荫华．审慎性监管与银行效率：来自中国银行业的经验证据 [J]．管理工程学报，2016，30 (2)：84 –92.

[24] 高波，任若恩．基于时变 Copula 模型的系统流动性风险研究 [J]．国际金融研究，2015，(12)：85 –93.

[25] 高国华，潘英丽．银行系统性风险度量——基于动态 CoVaR 方法的分析 [J]．上海交通大学学报，2011，45 (12)：1753 –1759.

[26] 高国华．逆周期资本监管框架下的宏观系统性风险度量与风险识别研究 [J]．国际金融研究，2013 (3)：30 –40.

[27] 高国华、潘英丽．基于资产负债表关联的银行系统性风险研究 [J]．管理工程学报，2012 (4)：162 –168.

[28] 高鹏、由华．商业银行流动性风险管理 [J]．中国金融，2012 (20)：56 –57.

[29] 高蓉蓉，吴敏．市场力量假说与效率结构假说在中国银行的检验——基于产业组织理论视角 [J]．贵州财经大学学报，2014，32 (2)：50 –57.

[30] 郭丽虹，张祥建，徐龙炳．社会融资规模和融资结构对实体经济的影响研究 [J]．国际金融研究，2014 (6)：66 –74.

[31] 郭丽丽，李勇．货币政策、资本监管与商业银行风险承担的门槛效应：理论与经验证据 [J]．南方经济，2014 (12)．

[32] 韩博，霍强．货币政策、银行风险承担与资本监管套利——基于上市股份制银行面板数据的实证分析 [J]．经济问题探索，2016 (3)．

[33] 韩剑．流动性冲击与金融危机传染 [J]．国际金融，2009 (4)：52 –55.

　　[34] 韩雪. 流动性传导机制的研究 [J]. 哈尔滨: 东北财经大学, 2012: 1-48.

　　[35] 何德旭, 李锦成. 中国影子银行与 A 股市场的相关性分析 [J]. 上海金融, 2015 (4): 77-82.

　　[36] 何嘉萍. 会计准则顺周期效应的逆周期操作——基于金融危机背景下的研究 [J]. 上海金融, 2010 (5): 36-42.

　　[37] 胡海峰, 代松. 后金融危机时代系统性风险及其测度评述 [J]. 经济学动态, 2012 (4): 41-46.

　　[38] 胡海峰, 武鹏. 银行业效率究竟由什么因素决定? ——基于世界跨国经济数据的实证检验 [J]. 北京社会科学, 2016 (1): 50-59.

　　[39] 胡利琴、陈锐、班若愚. 货币政策、影子银行发展与风险承担渠道的非对称效应分析 [J]. 金融研究, 2016 (2).

　　[40] 黄国平. 监管资本、经济资本及监管套利——妥协与对抗中演进的巴塞尔协议 [J]. 经济学: 季刊, 2014, 13 (3): 863-886.

　　[41] 黄佳, 朱建武. 基于金融稳定的货币政策框架修正研究 [J]. 财经研究, 2007 (4): 96-106.

　　[42] 黄隽. 社会融资结构变化对货币政策的影响 [J]. 经济纵横, 2011 (10): 68-72.

　　[43] 黄宪, 王露璐, 马理, 等. 货币政策操作需要考虑银行资本监管吗 [J]. 金融研究, 2012, (4): 17-31.

　　[44] 黄宪, 熊启跃. 银行资本缓冲、信贷行为与宏观经济波动——来自中国银行业的经验证据 [J]. 国际金融研究, 2013, (1): 52-65.

　　[45] 贾丽平. 流动性波动影响我国货币政策传导机制的实证检验 [J]. 国际金融研究, 2015, 339 (7): 44-54.

　　[46] 江龙、刘笑松. 经济周期波动与上市公司现金持有行为研究

[J]. 会计研究，2011（9）：40 - 46.

　[47] 江曙霞，陈玉婵. 货币政策、银行资本与风险承担 [J]. 金融研究，2012（4）：1 - 16.

　[48] 蒋瑛琨，刘艳武，赵振全. 货币渠道与信贷渠道传导机制有效性的实证分析——兼论货币政策中介目标的选择 [J]. 金融研究，2005（5）：70 - 79.

　[49] 金鹏辉、张翔. 我国货币政策的风险承担渠道存在吗? [J]. 投资研究，2014（3）.

　[50] 李成，杨礼，高智贤. 利率市场化对商业银行风险承担的影响研究——基于非平衡面板数据的实证分析 [J]. 金融经济学研究，2015（5）：55 - 71.

　[51] 李杰. 流动性测度与预期收益——基于中国 A 股市场的实证研究 [D]. 成都：西南交通大学，2009：1 - 61.

　[52] 李锦成. 对 1996—2015 年中国影子银行月度规模数据的测算 [J]. 中国市场，2016，（24）：71 - 80.

　[53] 李明辉，孙莎，刘莉亚. 货币政策对商业银行流动性创造的影响——来自中国银行业的经验证据 [J]. 财贸经济，2014（10）：50 - 60.

　[54] 李鹏，杜亚斌，金雯雯. 货币供给冲击与银行流动性螺旋——基于 MSVAR 模型的时变特征分析 [J]. 西安财经学院学报，2015（6）：17 - 23.

　[55] 李沂. 我国货币政策的流动性传导机制及其有效性研究 [J]. 内蒙古社会科学（汉文版），2014（4）.

　[56] 李仲林. 利率市场化与商业银行风险承担 [J]. 财经科学，2015（1）.

　[57] 连平，周昆平，武雯，等. 商业银行转型提速 [J]. 中国金融，2017（2）：40 - 42.

［58］廉永辉，张琳．流动性冲击、银行结构流动性和信贷供给［J］．国际金融研究，2015（4）：64－76.

［59］刘斌．我国 DSGE 模型的开发及在货币政策分析中的应用［J］．金融研究，2008（10）：1－21.

［60］刘孟飞，张晓岚．风险约束下的商业银行效率及其影响因素研究［J］．金融研究，2013（7）：113－125.

［61］刘明宇．银行资本水平与货币政策非对称性的实证研究［J］．经济评论，2013（1）：78－95.

［62］刘青云．商业银行风险承担动机的数理推导和实证检验——基于美、日、印三国 2787 家商业银行数据的经验证据［J］．经济问题，2017（2）.

［63］刘生福、李成．货币政策调控、银行风险承担与宏观审慎管理——基于动态面板系统 GMM 模型的实证分析［J］．南开经济研究，2014（5）.

［64］刘晓欣、王飞．中国微观银行特征的货币政策风险承担渠道检验——基于我国银行业的实证研究［J］．国际金融研究，2013（9）.

［65］刘晓星，段斌，谢福座．股票市场风险溢出效应研究：基于 EVT－Copula－CoVaR 模型的分析［J］．世界经济，2011（11）：145－159.

［66］刘晓星，王金定．我国商业银行流动性风险研究——基于 Copula 和高阶 ES 测度的分析［J］．广东商学院学报，2010（5）：26－33.

［67］刘漪．我国基于宏观层次货币流动性测度研究［D］．南昌：江西财经大学，2014：1－55.

［68］陆静．巴塞尔协议Ⅲ及其对国际银行业的影响［J］．国际金融研究，2011（3）：56－67.

［69］陆磊，杨骏．流动性、一般均衡与金融稳定的"不可能三

角"[J].金融研究,2016(1):1-13.

[70]陆磊.货币政策与审慎监管关系若干理论问题[J].福建金融,2016(7):4-8.

[71]骆祚炎,罗亚南.多目标制货币政策框架下的信贷调控与流动性实时管理——基于六部门DSGE模型的金融加速器效应检验[J].上海金融,2016(10):13-19.

[72]马荣华.流动性过剩的测度[J].上海经济研究,2009(4):37-44.

[73]牛丽娟.资本充足率、股权结构与商业银行风险承担的实证检验[J].统计与决策,2015(22).

[74]牛晓健、裘翔.利率与银行风险承担——基于中国上市银行的实证研究[J].金融研究,2013(4).

[75]潘敏、张依茹.宏观经济波动下银行风险承担水平研究——基于股权结构异质性的视角[J].财贸经济,2012(10).

[76]彭文艳.金融危机后的DSGE宏观经济模型反思和改进[J].时代金融,2015(30):27-28.

[77]彭兴韵.流动性、流动性过剩与货币政策[J].经济研究,2007(11):58-70.

[78]秦洋,刘传哲.流动性传导路径研究——对中国的实证[J].学术论丛,2009(35):76-91.

[79]饶品贵,姜国华.货币政策波动、银行信贷与会计稳健性[J].金融研究,2011(3):51-71.

[80]饶品贵,姜国华.货币政策对银行信贷与商业信用互动关系影响研究[J].经济研究,2013(1):68-82.

[81]沈沛龙、王晓婷.宏观审慎政策与银行风险承担研究[J].财经理论与实践,2015(3).

[82]盛松成.一个全面反映金融与经济关系的总量指标——写在

社会融资规模指标建立三周年之际 ［J］. 中国金融，2013 （22）：34－37.

　　［83］宋军. 改进金融同业业务监管 ［J］. 中国金融，2014 （8）：18－20.

　　［84］宋平. 浅析流动性过剩风险及对策 ［N］. 中共太原市委党校学报，2011 （2）：56－58.

　　［85］宋琴、郑振龙. 巴塞尔协议Ⅲ、风险厌恶与银行绩效——基于中国商业银行 2004—2008 年面板数据的实证分析 ［J］. 国际金融研究，2011 （7）.

　　［86］隋洋，白雨石. 中资银行应对流动性监管最新要求的策略研究 ［J］. 国际金融研究，2015，339 （1）：62－69.

　　［87］孙国峰，蔡春春. 货币市场利率、流动性供求与中央银行流动性管理——对货币市场利率波动的新分析框架 ［J］. 经济研究，2014 （12）：33－44，59.

　　［88］孙国峰，贾君怡. 中国影子银行界定及其规模测算——基于信用货币创造的视角 ［J］. 中国社会科学，2015 （11）：92－110.

　　［89］孙建雅、何凯、程细玉. 外部冲击对银行风险承担波动的影响 ［J］. 金融论坛，2014 （11）.

　　［90］孙秀峰，迟国泰. 中国商业银行效率的内生影响因素研究与实证 ［J］. 预测，2010，29 （2）：5－12.

　　［91］谭中、粟芳. 货币政策、市场约束与银行风险承担行为的实证分析 ［J］. 上海财经大学学报，2011 （5）.

　　［92］田娇、王擎. 银行资本约束、银行风险外溢与宏观金融风险 ［J］. 财贸经济，2015 （8）.

　　［93］童磊，彭建刚. 基于宏观经济因子冲击的商业银行流动性压力测试研究 ［J］. 湖南科技大学学报 （社会科学版），2013 （3）：99－103.

　　［94］王聪，谭政勋. 我国商业银行效率结构研究 ［J］. 经济研

究，2007（7）：110－123．

［95］王红棉．我国社会融资结构的变化对货币政策传导机制的影响分析［D］．江苏：南京师范大学，2013．

［96］王秋红．流动性过剩与短缺的决定及其逆转机制研究［D］．上海：复旦大学，2012：1－61．

［97］王文卓．我国商业银行股改效率评价与影响因素分析——基于 DEA 超效率模型和 Tobit 回归模型［J］．上海金融，2013（5）：38－41，117．

［98］王晓，李佳．金融稳定目标下货币政策与宏观审慎监管之间的关系：一个文献综述［J］．国际金融研究，2013，（4）：22－29．

［99］王晓枫，韩雪，王秉阳．流动性传导机制的研究——基于 VAR 模型的分析［J］．长春工业大学学报，2012（33）：734－742．

［100］王亚君，邢乐成．互联网金融、货币政策与银行流动性［J］．浙江金融，2016（6）：17－24．

［101］王兆星．首次建立国际统一的流动性监管标准——国际金融监管改革系列谈之三［J］．中国金融，2013（14）：19－21．

［102］王振，曾辉．影子银行对货币政策影响的理论与实证分析［J］．国际金融研究，2014，332（12）：58－67．

［103］王周伟，王衡．货币政策、银行异质性与流动性创造——基于中国银行业的动态面板数据分析［J］．国际金融研究，2016（2）：52－65．

［104］王周伟、王衡．不同货币政策工具的银行风险承担效应比较研究［J］．金融论坛，2014（12）．

［105］吴念鲁，杨海平．流动性内涵及其对风险传染的作用机理分析［J］．北方金融，2016（3）：3－8．

［106］吴培新．我国宏观调控中的货币供应量和信贷规模［J］．经济学动态，2008（8）：43－48．

［107］项后军、项伟康、陈昕鹏．利率市场化视角下的货币政策风险承担渠道问题研究［J］．经济理论与经济管理，2016（10）．

［108］谢平，邹传伟．金融危机后有关金融监管改革的理论综述［J］．金融研究，2010（2）：1 – 17.

［109］谢中华．MATLAB 统计分析与应用：40 个案例分析［M］．北京：北京航空航天大学出版社，2010（6）．

［110］徐明东、陈学彬．货币环境、资本充足率与商业银行风险承担［J］．金融研究，2012（7）．

［111］许友传．信息披露、市场约束与银行风险承担行为［J］．财经研究，2009（12）．

［112］薛昊旸．影子银行体系及其宏观效应研究［J］．山西大学学报（哲学社会科学版），2013（5）：110 – 115.

［113］易会满．重构银行资产负债表［J］．中国金融，2017（1）：9 – 13.

［114］张金城．货币政策调控、流动性管理与宏观经济稳定［J］．国际金融研究，2014（3）：7 – 20.

［115］张敬思、曹国华．资本约束、银行风险承担与经济资本——基于中国 53 家商业银行的经验研究［J］．国际金融研究，2016（12）．

［116］张强，张宝．货币政策传导的风险承担渠道研究进展［J］．经济学动态，2011（10）：103 – 107.

［117］张强、乔煜峰、张宝．中国货币政策的银行风险承担渠道存在吗？［J］．金融研究，2013（8）．

［118］张雪兰、何德旭．货币政策的风险承担渠道：传导路径、不对称性与内在机理［J］．金融评论，2012（1）．

［119］张雪兰、何德旭．货币政策立场与银行风险承担——基于中国银行业的实证研究［J］．经济研究，2012（5）．

［120］张中元. 银行监管、监管有效性与银行风险承担：跨国异质性分析［J］. 金融评论，2014（2）.

［121］章添香，李杨，张春海. 中国商业银行业市场结构、经营效率与绩效水平——基于 19 家银行的经验数据［J］. 华中师范大学学报（人文社会科学版），2016，55（2）：49 - 58.

［122］赵海华. 我国货币流动性变化的若干影响因素研究［D］. 上海：复旦大学，2012：1 - 35.

［123］赵进文，韦文彬. 基于 MES 测度我国银行业系统性风险［J］. 金融监管研究，2012（8）：28 - 40

［124］赵永乐，王均坦. 商业银行效率、影响因素及其能力模型的解释结果［J］. 金融研究，2008（3）：58 - 69.

［125］郑挺国，郭辉铭. 货币政策规则非对称性及其在我国的检验［J］. 南方经济，2012（1）：17 - 27.

［126］中国人民银行南京分行课题组，周学东，李文森. 刚性兑付、债务风险与货币政策传导——基于信用风险向流动性风险转换的视角［J］. 金融纵横，2016（1）：13 - 27.

［127］钟俊. 关于"社会融资总量"指标内涵的深度剖析［J］. 新金融，2011（11）：9 - 12.

［128］周波，张蔚，郑伟. 论货币政策与金融监管的有效协调［J］. 金融理论与实践，2001（10）：29 - 31.

［129］周恩源. 宏观流动性管理：对货币政策的替代［D］. 杭州：浙江大学，2012：1 - 190.

［130］周逢民，张会元，周海，等. 基于两阶段关联 DEA 模型的我国商业银行效率评价［J］. 金融研究，2010（11）：169 - 179.

［131］周莉萍. 影子银行体系的信用创造：机制、效应和应对思路［J］. 金融评论，2011（4）：37 - 53，124.

［132］周天芸，周开国，黄亮. 机构集聚、风险传染与香港银行的

系统性风险 [J]．国际金融研究，2012（4）：77 – 87.

[133] 朱元倩，苗雨峰．关于系统性风险度量和预警的模型综述 [J]．国际金融研究，2012（1）：79 – 88.

[134] 朱元倩．流动性风险压力测试的理论与实践 [J]．金融评论，2012（2）：96 – 103，126.

[135] 朱元倩．顺周期性下的银行风险管理与监管 [J]．中国科学技术大学，2010.

[136] 邹传伟．对 Basel Ⅲ 逆周期资本缓冲效果的实证分析 [J]．金融研究，2013（5）：60 – 72.

[137] Acharya, V. and H. Naqvi. The seeds of a crisis: A theory of bank liquidity and risk taking over the business cycle [J]．Journal of Financial Economics, 2012, 106（2）：349 – 366.

[138] Acharya, V. V., Gujral, I., Kulkarni, N., and Shin, Hyun Song. Dividends and Bank Capital in the Financial Crisis of 2007 – 2009. Social Science Electronic Publishing, 2012.

[138] Acharya, V., L. Pedersen., T. Philippon and M. Richardson. Measuring Systemic Risk [R]．Working Paper, 2010 [9] Adrian, T., M. Brunnermeier. CoVaR [R]．Federal Reserve Bank of New York Staff Report No. 348, 2008.

[140] Adrian, T. and H. S. Shin. Liquidity and Leverage [J]．Journal of Financial Intermediation, 2010（19）：418 – 437.

[141] Adrian, T., M. Brunnermeier. CoVaR [R]．NBER Working Paper 17454, 2011.

[142] Adrian, Tobias and Shin Hyun Song, 2007, "Liquidity and Financial Cycles", 6th BIS Annual Conference, "Financial System and Macroeconomic Resilience", Brunnenm , June18 – 19.

[143] Agoraki, M. E. K., Delis, M. D., and Pasiouras, F. Regula-

tions, Competition and Bank Risk – taking in Transition Countries [J] .
Journal of Financial Stability, 2011 (7): 38 – 48.

[144] Allen, F. and D. Gale. Diversity of opinion and financing of
new technologies. 1999, 8 (1): 68 – 89.

[145] Altunbas, Y. , Gambacorta, L. , and Marques – Ibanez, D.
Does Monetary Policy Affect Bank Risk – taking? [J] . International Journal
of Central Banking, 2014 (10): 95 – 135.

[146] Altunbas, Y. , M. Van Leuvensteijn and D. Marques – Ibanez.
Competition And Bank Risk: The Role Of Securitization And Bank
Capital, 2013.

[147] Amihua. Y. Liquidity and Stock returns: Cross – Section and
Time – Series Effects [J] . Journal Markets, 2002 (5): 31 – 56.

[148] Angeloni, I. and E. Faia. Capital regulation and monetary poli-
cy with fragile banks [J] . Journal of Monetary Economics, 2013, 60 (3):
311 – 324.

[149] Ariff, M. , and Can, L. Cost and Profit Efficiency of Chinese
Banks: A Non – parametric Analysis [J] . China Economic Review, 2008,
19 (2): 260 – 273.

[150] Baks, K. and C. F. Kramer. Global Liquidity and Asset Prices:
Measurement, Implications, and Spillovers. International Monetary Fund, 1999.

[151] Barth J R, Jr G C, Levine R. Bank Regulation and Supervision:
What Works Best? [J] . Journal of Financial Intermediation, 2004, 13
(2): 205 – 248.

[152] Basel Committee on Banking Supervision (BCBS), 2008, Prin-
ciples for Sound Liquidity Risk Management and Supervision. http: //
www. bis. org/publ/bcbs144. htm.

[153] Basel Committee on Banking Supervision (BCBS), 2010a, Ba-

sel Ⅲ: A global regulatory framework for more resilient banks and banking systems, December. http: //www. bis. org/publ/bcbs189. htm.

[154] Basel Committee on Banking Supervision (BCBS), 2010b, Basel Ⅲ: International framework for liquidity risk measurement, standards and monitoring, December. http: //www. bis. org/publ/bcbs188. htm.

[155] Bekaert, G. , M. Hoerova and M. Lo Duca. Risk, uncertainty and monetary policy [J] . Journal of Monetary Economics, 2013, 60 (7): 771 - 788.

[156] Ber Creation, working ger, A. and C. Bouwman. Financial Crises and Bank Liquidity. working paper, University of South Carolina, 2008.

[157] Berger A. N. and Bouwman C. H. S. Bank Liquidity Creation. The Review of Financial Studies, Vol. 22, No. 9, 2009, pp. 3779 - 3837.

[158] Berger, A. N. The profit - structure relationship in banking - v tests of market - power and efficient - structure hypotheses [J] . Journal of Money Credit & Banking, 1995, 27 (2), 404 - 431.

[159] Berger, A. N. , and Patti, E. B. D. Capital Structure and Firm Performance: A New Approach to Testing Agency Theory and an Application to the Banking Industry [J] . Journal of Banking & Finance, 2006, 30 (4): 1065 - 1102.

[160] Berger, A. and C. Bouwman. Financial Crises and Bank Liquidity Creatioon. working paper, University of South Carolina, 2008.

[161] Bernanke B S, Blinder A S. The Federal Funds Rate and the Channels of Monetary Transmission. American Economic Review, 1992, 82 (4): 901 - 921.

[162] Bernanke, B. and Gertler, M. Financial Fragility and Economic Performance. Quarterly Journal of Economics, 1990 (1), 87 - 114.

[163] Bernanke, B. and M. Gertler. Agency costs, net worth, and

business fluctuations, 1989, 79 (1): 14 – 31.

[164] Bernanke, Ben S. , Cara S. Lown. The Credit Crunch. Brookings Papers on Economic Activity, 1991, (2): 205 – 247.

[165] Best S, Sprinzen S. Basel Ⅲ Proposals Could Strengthen Banks' Liquidity, But May Have Unintended Consequences. BIS Working Paper, 2010.

[166] Bianchi, J. , Bigio, S. , Banks, Liquidity Management, and Monetary Policy. Federal Reserve Bank of Minneapolis Research Department Staff Report 503, 2014.

[167] Blum, J. , M. Hellwig. The Macroeconomic Implications of Capital Adequacy Requirements for Banks. European Economic Review, 1995 (51): 1 – 17.

[168] Bonfim, Diana and C. Soares. The Risk – Taking Channel of Monetary Policy – Exploring All Avenues. Social Science Electronic Publishing, 2014.

[169] Borio, C. and H. Zhu. Capital regulation, risk – taking and monetary policy: A missing link in the transmission mechanism? . 2012, 8 (4): 236 – 251.

[170] Borio, C. , C. Furfine and P. Lowe, Procyclicality of the financial system and financial stability: issues and policy options, 2001 (1): 1 – 57.

[171] Boucinha, M. , Ribeiro, N. , and Weyman – Jones, T. An Assessment of Portuguese Banks' Efficiency and Productivity towards Euro Area Participation. Journal of Productivity Analysis, 2013, 39 (2): 177 – 190.

[172] Brozen. Concentration, Mergers and Public Policy. Academy of Management Review, 1984, 9 (2), 368.

[173] Brunnermeier, M. K. and L. H. Pedersen. Market liquidity and

funding liquidity, 2009, 22 (6): 2201 – 2238.

[174] Brunnermeier, M. K. Deciphering the 2007 – 2008 Liquidity and Credit Crunch [J] . Journal of Economic Perspec – tives, 2009, 23 (1): 77 – 100.

[175] Baker J. and Los, C. A. Liquidity and Simulation: a Survey of Liquidity Measures Using Trader Ex [J] . SSRN , 2014.

[176] Calvo, G. Financial crises and liquidity shocks a bank – run perspective. European Economic Review, 2012, 56 (3): 317 – 326.

[177] Campbell, J. Y. , and J. H. Cochrane. By Force of Habit: A Consumption – Based Explanation of Aggregate Stock Market Behavior. Journal of Political Economy, 1999, (2): 205 – 251.

[178] Chami, R. and T. F. Cosimano. Monetary policy with a touch ofBasel, 2010, 62 (3): 161 – 175.

[179] Chortareas G E and Girardone C and Ventouri A. Bank Supervision, Regulation, and Efficiency: Evidence from the European Union. Journal of Financial Stability, 2012, 8 (4): 292 – 302.

[180] Chortareas, G. E. , Garza – Garcia, J. G. , and Girardone, C. Banking sector performance in Latin America: market power versus efficiency. Review of Development Economics, 2011, 15 (2): 307 – 325.

[181] Christian Schmieder, Heiko Hesse, Benjamin Neudorfer, Claus Puhr and Stefan W. Schmitz, "Next Generation System – Wide Liquidity Stress Testing ", IMF working paper, 2011, WP/12/3, http: // www. imf. org/external/pubs/ft/wp/2012/wp1203. pdf.

[182] Christiano, L. , Eichenbaum. M. , Evans. C. Nominal rigidities and the dynamics effects of a shock to monetary policy [J] . Journal of Political Economy, 2005.

[183] Danielsson J. , H. S. Shin, J. P. Zigrand. The Impact of Risk

Regulation on Price Dynamics ［J］. Journal of Banking and Finance, 2004, 28（5）: 1069 – 1087.

［184］ Dell' Ariccia, G., and Marquez, R. Risk and the corporate structure of banks ［J］. Journal of Finance, 2010（3）: 1075 – 1096.

［185］ Dell'Ariccia, M. G., M. L. Laeven and M. G. Suarez. Bank Leverage and Monetary Policy's Risk – Taking Channel: Evidence from the United States. International Monetary Fund, 2013.

［186］ Demsetz, H. Industry structure, market rivalry, and public policy ［J］. The Journal of Law and Economics, 1973, 16（1）: 1 – 9.

［187］ Dietrich A, Hess K, Wanzenried G. The Good and Bad News About the New Liquidity Rules of Basel Ⅲ in Western European Countries ［J］. Journal of Banking & Finance, 2014, 44（6）: 13 – 25.

［188］ Drake, L., and Hall, M. J. B. Efficiency in Japanese banking: An empirical analysis ［J］. Journal of Banking & Finance, 2003, 27（5）: 891 – 917.

［189］ Dufresne P. C., R. Goldstein, and J. S. Martin. The Determinants of Credit Spread Changes ［J］. Journal of Finance, 2001（6）: 2177 – 2208.

［190］ Engle RF. Measuring, forecasting and explaining time varying liquidity in the stock market. NBER Working Paper, No. 6129, 1997.

［191］ Eric Wong and Cho – Hoi Hui. A liquidity risk stress – testing framework with interaction between market and credit risks. Hong Kong Monetary Authority Working Paper, 2009（6）.

［192］ European Central Bank. EU banks liquidity stress tests and contingency funding plans. http: //www. ecb. int/pub/pdf/other/eubanksliquiditystresstesting200811en. pdf.

［193］ Fonseca, A. R., Gonzale. F. and Pereira da Silva, L. Cyclical Effects of Bank Capital Buffers with Imperfect Credit Markets: International

Evidence. Banco Central do Brasil Working Paper, 2010 （216）.

［194］Freixas, Xavier, and D. Skeie. Bank Liquidity, Interbank Markets, and Monetary Policy. Review of Financial Studies, 2009 （24）: 2656 – 2692.

［195］Furlong, F. T. , Keeley, M. C. Capital Regulation and Bank Risk – taking: A Note ［J］. Journal of Bank Finance, 1989, （13）, 883 – 891.

［196］Gaston A. Giordana, Ingmar Schumacher. Bank liquidity risk and monetary policy: Empirical evidence on the impact of Basel Ⅲ liquidity standards, International Review of Applied Economics, 2013, 27 （5）: 633 – 655.

［197］Hansen, B. E. Inference when a Nuisance Parameter is not Identified under the Null Hypothesis. Econometrica, 1996, （64）: 413 – 430.

［198］Hansen, B. E. Threshold Effects in Non – Dynamic Panels: Estimation, Testing, and Inference ［J］. Journal of Econometrics, 1999, （93）, 345 – 368.

［199］Hanson, S. G. , A. K. Kashyap and J. C. Stein. A macroprudential approach to financial regulation ［J］. The Journal of Economic Perspectives, 2011, 25 （1）: 3 – 28.

［200］Härle P, Lüders E, Pepanides T, Pfetsch S, Poppensieker T, Stegemann U. Basel Ⅲ and European Banking: Its Impact, How Banks Might Respond, and the Challenges of Implementation. Working Papers on Risk, 2010.

［201］Hart, O. , L. Zingales. How to Avoid a New Financial Crisis ［R］. Working Paper, 2009.

［202］Hakkio, C. S. , W. R. Keeton. Financial Stress: What Is It, How Can It Measured and Why Does It Matter ［R］. Federal Reserve Bank of Kansas City Economic Review, 2009.

[203] Illing, M., Y. Liu. An Index of Financial Stress for Canada [R]. Bank of Canada Working Paper No. 14, 2003 [15] IMF, FSB, BIS. Macroprudential Policy Tools and Frameworks [R] . 2011.

[204] International Monetary Fund (IMF), 2011, Global Financial Stability Report, "How to address the systemic part of liquidity risk?" (Chapter 2), April 2011.

[205] Iwatsubo, K. Bank Capital Shocks and Portfolio Risk Evidence from Japan. Japan and the World Economy, 2007 (19), 166 – 186.

[206] Jan Willem, Van den End. Liquidity Stress Tester: DoBasel Ⅲ and Unconventional Monetary Policy Work? Dutch National Bank Working Paper No. 269, December 2010.

[207] Jiménez and Gabriel. Hazardous Times for Monetary Policy: What Do Twenty – Three Million Bank Loans Say About the Effects of Monetary Policy on Credit Risk – Taking? Econometrica, 2014 (82): 463 – 505.

[208] Joachim Fels. Global excess liquidity overview. Morgan Stanley Macroeconomics Report, 2005.

[209] Joaquin Maudos. Market structure and performance in Spanish banking using a direct measure of efficiency. Applied Financial Economics, 1998, 8 (2): 191 – 200.

[210] John, M. K. The general theory of employment, interest and money, 1936.

[211] Jong Han Lee, Jaemin Ryu, D. P. Tsomocos. Measures of Systemic Risk and Financial Fragility in Korea [J] . Annals of Finance, 2013, 9 (4): 757 – 786.

[212] Kang, H. P. , and Weber, W. L. Profitability of Korean banks: test of market structure versus efficient structure. Journal of Economics & Business, 2006, 58 (3): 222 – 239.

[213] Kashyap, A. , J. Stein and D. Wilcox. The monetary transmission mechanism: Evidence from the composition of external finance. 1993, (83): 78 – 98.

[214] King M R. TheBasel Ⅲ Net Stable Funding Ratio and Bank Net Interest Margins [J] . Journal of Banking & Finance, 2013, 37 (11): 4144 – 4156.

[215] Kishan, R. P. and T. P. OPIELA. Monetary Policy, Bank Lending, and the Risk – Pricing Channel [J] . Journal of Money, Credit and Banking, 2012. 44 (4): 573 – 602.

[216] Koehn, M. and Santomero, A. M. Regulation of Bank Capital and Portfolio Risk [J] . Journal of Finance, 1980, (35): 1235 – 1244.

[217] Leonard Matz and Peter Neu. Liquidity Risk Measurement and Management: a Practitioner's Guide to Global Best Practices. Wiley Finance Series, Wiley & Sons (Asia), 2007.

[218] Longstaff, F. A. and E. S. Schwartz. A Simple Approach to Valuing Risky Fixed and Floating Rate Debt [J] . Journal of Finance, 1995 (50): 789 – 819.

[219] Martin Čihák, Introduction to Applied Stress Testin, 2007, IMF WP No. 59.

[220] Meltzer A H. Monetary, Credit and (Other) Transmission Processes: A Monetarist Perspective. Journal of Economic Perspectives, 1995, 9 (4): 49 – 72.

[221] Miron, J. A. , Romer, C. D. , and Weil, D. N. Historical Perspectives on the Monetary Transmission Mechanism. National Bureau of Economic Research, 1994.

[222] Mishkin, F. S. The channels of monetary transmission: lessons for monetary policy, 1996.

[223] Morris, S. and H. S. Shin, Risk – Taking Channel of Monetary Policy: A Global Game Approach. Working Paper, 2014.

[224] Myers, S. C. and Rajan, R. G. The Paradox of Liquidity. The Quarterly Journal of Economics, 1998 (113): 733 – 771.

[225] Neri M. The Unintended Consequences of theBasel Ⅲ Liquidity Risk Regulation. NBER Working Paper, 2012.

[226] Nikolaou, Kleopatra. Liquidity (risk) concepts: definitions and interaction. European Central Working Paper. 2009: 1008.

[227] Pasiouras F, Tanna S, Zopounidis C. The Impact of Banking Regulations on Banks' Cost and Profit Efficiency: Cross – country Evidence. International Review of Financial Analysis, 2009, 18 (5): 294 – 302.

[228] Pasiouras F. Estimating the Technical and Scale Efficiency of Greek Commercial Banks: The Impact of Credit Risk, Off – balance Sheet Activities, and International Operations. Research in International Business & Finance, 2006, 22 (3): 301 – 318.

[229] Peydro, J. L. , and Maddaloni, A. Bank Risk – taking, Securitization, Supervision, and Low Interest Rates: Evidence from Lending Standards. Social Science Electronic Publishing, 2010.

[230] Povel, P. and Raith, M. Optimal Debt with Unobservable Investments [J] . Ssrn Electronic Journal, 2004 (35): 599 – 616.

[231] Pozsar, Z. and M. Singh. The nonbank – bank nexus and the shadow banking system. International Monetary Fund Washington, DC, 2011.

[232] Rajan, R. G. Has Financial Development Made the World Riskier? NBER Working Paper, 2005. No. 11728.

[233] Ramayandi A. , U. Rawat and H. C. Tang. Can Low Interest Rates be Harmful: An Assessment of the Bank Risk – taking Channel in Asia. Asian Development Bank Working Paper, No. 123, 2014.

[234] Sarr, A. and Lybek, T. Measuring Liquidity in Financial Markets. IMF Working paper, Monetary and Exchange Affairs Department, 2002, WP/02/232.

[235] Saxegaard, M. Excess liquidity and the effectiveness of monetary policy: evidence from Sub – Saharan Africa. International Monetary Fund, 2006.

[236] Seelanatha, Lalith. Market structure, efficiency and performance of banking industry in Sri Lanka. Banks & Banks Systems, 2010, 5 (1): 20 – 31.

[237] Seiford, L. M. , and Zhu, J. Profitability and marketability of the top 55 U. S. commercial banks. Management Science, 1999, 45 (9): 1270 – 1288.

[238] Smets, F. , Wouters, R. Shocks and frictions in U. S. business cycles: a Bayesian DSGE approach. American Economic Review, 2007.

[239] Song, G. The Cyclical Effects of Accounting Rules on Basel Ⅲ Liquidity Regulation, 2013.

[240] Staub, R. B. , Souza, G. D. S. E. , and Tabak, B. M. Evolution of bank efficiency in Brazil: a DEA approach. European Journal of Operational Research, 2010, 202 (1): 204 – 213.

[241] Segoviano, M. , C. A. E. Goodhart. Banking Stability Measures [R] . IMF Working Paper, No. 09 /4, 2009.

[242] Stiglitz, J. E. and Weiss, A. Credit Rationing in Markets with Imperfect Information. American Economic Review, 1981 (71): 393 – 410.

[243] Sunderam, A. Money creation and the shadow banking system. Unpublished Working Paper, 2012.

[244] Svensson, L. E. Central – banking challenges for the Riksbank: Monetary policy, financial – stability policy and asset management. Centre for Economic Policy Research, 2012.

［245］ Thakor A. Capital Requirements, Monetary Policy, and Aggregate Bank Lending: Theory and Empirical Evidence ［J］. Journal of Finance, 1996 (51): 279 – 324.

［246］ Thilo Pausch. Risk Sensitivity of Banks, Interbank Markets and the Effects of Liquidity Regulation ［J］. Ssrn Electronic Journal, 2013, 12 (1), 685.

［247］ Thorsten Polleit, Dieter Gerdesmeier. Measures of excess liquidity. Frankfurt: Hf B – BusinessSchool of Finance & Management, 2005.

［248］ Van den End, Jan Willem. Liquidity Stress Tester: A macro model for stress – testing banks' liquidity risk. Dutch National Bank Working Paper, 2008, 5 (175).

［249］ Vanhoose D. Theories of Bank Behavior under Capital Regulation ［J］. Journal of Banking & Finance, 2007, 31 (12): 3680 – 3697.

［250］ Verona, F. , M. M. Martins and I. Drumond. Monetary policy shocks in a DSGE model with a shadow banking system, 2011.

［251］ Viral Acharya and Hassan Naqvi. The Seeds of a Crisis: A Theory of Bank Liquidity and Risk – Taking over the Business Cycle. C. E. P. R. Discussion Papers, 2012 (106).

［252］ Williamson, S. D. Liquidity, monetary policy, and the financial crisis: A new monetarist approach. The American Economic Review, 2012, 102 (6): 2570 – 2605.

［253］ Zlatuše Komárková, Adam Geršl, Luboš Komárek. Models for Stress Testing Czech Banks' Liquidity Risk. Czech National Bank Working Paper Series, 2011, 11 (11).